Anselm Grün

Mein Weg in die Weite

Zum Grund des eigenen Lebens finden

Im Gespräch mit Jan Paulas und Jaroslav Šebek

W0052888

HERDER

FREIBURG · BASEL · WIEN

Dieses Buch wurde ursprünglich in tschechischer Sprache durch den
Verlag Karmelitánské nakladatelství, Kostelní Vydří, Dacice,
Tschechische Republik, veröffentlicht. Alle Rechte vorbehalten.
Die deutsche Ausgabe wurde mit Einverständnis des Originalverlags
adaptiert und durch zusätzliche Fragen ergänzt.

Gedruckt auf umweltfreundlichem, chlorfrei gebleichtem Papier

Originalausgabe

Alle Rechte vorbehalten – Printed in Germany
© für diese Ausgabe Verlag Herder Freiburg im Breisgau 2003
www.herder.de
Satz: Barbara Herrmann, Freiburg
Druck und Bindung: fgb · freiburger graphische betriebe 2003
www.fgb.de
Umschlaggestaltung und Konzeption:
R·M·E München / Roland Eschlbeck, Liana Tuchel
Umschlagbild: © Ralf Tooten, aus dem Band: Ralf Tooten,
Augen der Weisheit, Freiburg 2002
ISBN: 3-451-05382-9

Inhalt

Einleitung

Fragen bringen das Denken in Bewegung. In all meinen Büchern geht es mir nicht um etwas Theoretisches und auch nicht darum, abstrakte Ideen zu entwickeln. Sondern ich versuche immer, auf ganz konkrete Fragen zu antworten, die mir Menschen in Gesprächen oder bei Vorträgen und Kursen tatsächlich gestellt haben, und immer wieder stellen. Beim Schreiben habe ich in der Regel ganz konkrete Männer und Frauen im Blick, deren Fragen mich anregen, selber tiefer darüber nachzudenken, welche Antworten ich für mich und für sie auf Grundfragen des Lebens geben kann. Ich versuche mich in diese Menschen hineinzuversetzen, ich will verstehen, was sie bewegt, und klären, wie ich ihnen einen Weg aufzeigen kann, der ihnen vielleicht weiterhilft.

Einige meiner Bücher sind seit Anfang der 1990er Jahre von dem Prager Verlag Karmelitánské nakladatelství ins Tschechische übersetzt worden und haben in Tschechien eine gute Verbreitung gefunden. Vor drei Jahren schlug mir daher P. Jan Fatka, der Leiter dieses Verlags, ein neues Projekt vor. Seine Idee: Es sollte ein Gedankenaustausch zwischen zweien seiner Freunde, die mir Fragen stellen wollten, und mir sein. Ich ließ mich gerne auf dieses Projekt ein und erhielt daraufhin per E-Mail in regelmäßigen Abständen Fragen von Jan Paulas und Jaroslav Šebek, einem Publizisten und einem Redakteur. Es machte mir Spaß, mich von diesen Fragen inspirieren zu lassen Ich habe sie jeweils ganz spontan und ohne lange darüber zu philosophieren beantwortet. Es waren Fragen, die nicht nur meine Interviewpartner bewegten, sondern vermutlich auch viele Leser und Leserinnen. Wenn die Gesprächspartner aus Deutschland gekommen wären, hätten sie vermutlich andere Akzente gesetzt. Aber auch der etwas andere Blick, vor dem Hintergrund einer Geschichte, die in den Jahrzehnten nach dem Krieg ganz anders verlief als bei uns im Westen, ist vielleicht von Interesse. Für die hier vorliegende Ausgabe wurden dann vom deutschen Verlag auch noch einige wenige Fragen gestellt, die ich in der gleichen Weise beantwortet habe. Dieser elektronische Dialog hat mich gezwungen, manchen Gedanken bewusster zu bedenken und klarer zu formulieren. Natürlich bin ich kein Alleswisser. Und ich habe selbstverständlich nicht auf jede Frage eine Antwort parat. Ich habe aber auf die mir gestellten Fragen spontan geantwortet, was ich innerlich fühlte. Natürlich greift ein auf solche Weise entstandenes Buch auch Themen auf, die ich in andern Büchern bereits angesprochen habe. Aber ich vertraue darauf, dass ich in den Antworten auf die Nachfragen auch einiges klarstellen kann, das bei der Lektüre meiner früheren Bücher für manche Leser und Leserinnen offen blieb und sie vielleicht innerlich beunruhigte.

Im ersten Teil dieses Buches beantworte ich Fragen, die mein persönliches Leben betreffen. Ich spüre, dass vieles, was ich schreibe, meiner Biographie erwachsen ist. Dennoch habe ich eine gewisse Scheu, zuviel über mich zu schreiben. Ich will den Menschen helfen, ihren eigenen Weg zu finden, aber nicht im Mittelpunkt stehen und mich auf keinen Fall gar als Vorbild hinstellen. Ich habe auch kein missionarisches Sendungsbewusstsein, das alle Menschen von der Richtigkeit meines Weges zu überzeugen versucht. Wenn ich über meinen persönlichen Weg schreibe, so hoffe ich vielmehr, dass dies den Lesern und Leserinnen dazu hilft, ihren eigenen Weg vertrauensvoll weiterzugehen. Ich bin glücklich, wenn sie, von meinen Gedanken möglicherweise angeregt, ihren ganz persönlichen spirituellen Weg entdecken und ihn in der Kraft des Heiligen Geistes gehen.

Ich bin dankbar für meine Eltern, die in mir den Grund für meinen Glauben gelegt haben. Wenn mir Menschen von ihren oft wirklich schweren Lebensschicksalen erzählen, bin ich froh, dass mir Gott eine im Großen und Ganzen glückliche Kindheit geschenkt hat. Natürlich hatte sie – wie jede andere Kindheitsgeschichte – auch ihre Schattenseiten. Doch im Rückblick spüre ich, dass mein spirituelles Leben nicht mein eigenes Verdienst ist, sondern die Frucht der Erfahrungen, die ich als Kind in meiner Familie und im Gottesdienst machen durfte.

Mein spirituelles Leben ist auch von den Mitbrüdern geprägt und gezeichnet, die sich in den siebziger Jahren gemeinsam mit mir auf die Suche nach einem authentischen geistlichen Weg machten. Alle meine Bücher leben von diesem gemeinsamen Suchen. Ich bin eingebunden in eine konkrete Gemeinschaft. Auch wenn ich Bücher veröffentliche oder Vorträge halte, ist es mir daher wichtig, dass ich dies als Mönch der Abtei Münsterschwarzach tue. Was ich schreibe, entspringt nicht nur der eigenen Kreativität, sondern auch den Anregungen meiner Mitbrüder. Natürlich habe ich nicht meine Mitbrüder um ihre Meinung gefragt, als ich auf die Fragen in diesem Band antwortete. Doch das, was in mir ist und woraus ich meine Antworten schöpfe, verdankt sich auch anderen. Es ist gewachsen aus den Erfahrungen meiner Kindheit, aus der Gemeinschaft mit meinen Mitbrüdern und aus vielen Gesprächen mit Menschen, die Rat und Hilfe bei mir suchen. Ihnen allen bin ich zu Dank verpflichtet für die Anregungen.

Wenn es mir gelingt, auf die aktuellen Fragen der Menschen so zu antworten, dass ihr Herz berührt wird und sie auf ihrem Weg neu ermutigt werden, dann hat sich die Mühe des Schreibens gelohnt. Neulich erhielt ich den Brief einer Frau, die sagte, dass sie bei der Lektüre meiner Bücher den Eindruck habe, ich würde die Gedanken, die sie im Herzen trägt, zum Ausdruck bringen. Ich empfinde immer tiefe Dankbarkeit, wenn ich einen solchen Brief bekomme. Indem ich formuliere, was in mir ist, möchte ich zur Sprache bringen, was die Leser und Leserinnen bewegt. So hoffe ich, dass die Fragen, die mir in diesem Buch gestellt wurden, auch die Fragen vieler meiner Leser und Leserinnen sind, und dass meine Antworten ihnen helfen, ihre eigene, ganz persönliche Antwort darauf zu finden.

Theologie besteht für mich nicht darin, den Menschen etwas Vorgefertigtes vorzusetzen, an das sie glauben sollen, sondern ihnen zu helfen in jeder Lebenssituation auf die Fragen ihres Herzens neu zu antworten. Ich habe keine fertigen Antworten. Ich muss sie immer wieder neu formulieren, damit sie für mich stimmen. So sollen auch die Leser und Leserinnen meine Antworten in diesem Band nicht einfach mit nach Hause tragen. Denn sie sind lediglich als Anregung gedacht, immer wieder neu nach den persönlichen Antworten auf die Grundfragen des Lebens zu suchen. Wenn mein Buch bei dieser Suche behilflich sein kann, hat es seinen Sinn erfüllt.

Münsterschwarzach, Januar 2003   Anselm Grün OSB

I. Wie viel verdient ein Kaplan?

Von Kindheit und Jugend

Woher stammen Ihre Eltern?

■ Mein Vater ist 1899 in Essen-Katernberg im Ruhrgebiet geboren, wohin seine Vorfahren der Arbeit wegen umgezogen waren. Ursprünglich stammen sie aus dem bäuerlichen Milieu der Eifel. Nachforschungen meines Vaters haben ergeben, dass seine Vorfahren spanische Juden waren, die etwa im 16. Jahrhundert, wohl wegen der damaligen Judenverfolgungen, in die Eifel auswanderten. Mein Vater arbeitete zuerst in Essen im Büro eines Bergwerks und zog 1923 nach München, wo er nach einigen Versuchen ein Elektrogeschäft eröffnete.

Meine Mutter stammt aus Dahlem, einem Dorf in der Eifel, wo auch alle ihre Vorfahren lebten. Dort wuchs sie auf einem Bauernhof auf, teils auch im kirchlichen Milieu: Ihr Vater war nämlich nicht nur Bauer, sondern auch Organist in der Pfarrkirche und Chorleiter. Ihr Mädchenname ist Dederichs, und sie hatte vier Geschwister, einen Bruder und drei Schwestern. Der Bruder wurde Steyler Pater, eine Schwester Steyler Missionsschwester. Sie selbst hat im Geschäft gelernt.

Hatte Ihr Vater keine Geschwister?

■ Er hatte insgesamt drei Geschwister, einen Bruder und zwei Schwestern. Sein Bruder wurde Benediktiner in Münsterschwarzach, eine Schwester trat in den Benediktinerorden in Herstelle ein, und die andere wurde Missionsbenediktinerin in Tutzing. Sie wurde in Manila auf den Philippinen eingesetzt.

Wie lernten sich Ihre Eltern kennen?

■ Mein Onkel, der Benediktiner, hatte Verwandte in Dahlem in der Eifel und feierte dort Nachprimiz. Bei dieser Gelegenheit lernte mein Vater meine Mutter kennen. Nach nur einem halben Jahr Bekanntschaft haben sie 1935 geheiratet. Mein Vater hatte zu dieser Zeit schon ein Geschäft in München, wo sie dann zusammen lebten.

Sie sind aber nicht in München geboren.

■ Nein. Mein Vater hat 1939 in Lochham bei München ein Haus gebaut, das aber während des Krieges teilweise zerstört wurde. Weil es dort zu gefährlich war, wurden wir 1944 nach Junkershausen, einem kleinen Dorf in der Rhön bei Bad Neustadt, evakuiert. Dort bin ich am 14.1.1945 geboren. Mein Taufname war Wilhelm. So hieß auch mein Vater. Nach dem Krieg kehrten wir in unser Haus zurück. Dort bin ich aufgewachsen.

Können Sie uns etwas mehr über Ihren Vater erzählen. Er war anscheinend ein sehr agiler und unternehmungslustiger Mensch.

■ Mein Vater war in der Jugendbewegung, bei der DJK (Deutsche Jugendkraft), die damals Sport und christliche – katholische – Spiritualität miteinander verband. Man spielte Fußball, und zwar gemeinsam mit anderen Vereinen. Aber man hatte auch Freizeiten und Zeltlager, die religiös geprägt waren. Damals wurde die katholische Kirche in Deutschland stark von Verbänden getragen. Hier fand die liturgische Bewegung eine große Verbreitung. Es waren also Orte der Erneuerung der Kirche. Diese katholischen Verbände wurden dann im Dritten Reich alle verboten.

Mein Vater hat Fußball gespielt bei der DJK Katernberg. Für ihn war beim Fußballspielen Disziplin das Höchste. Das hat er auch uns Kindern beigebracht. Abgesehen davon, dass er uns über den Sinn eines Fairplay unterrichtete und uns nahe legte, unsere Aggressivität unter Kontrolle zu halten, trat sein Sinn für Disziplin vor allem beim Essen zu Tage. Wir mussten alles aufessen, was wir auf den Teller bekamen.

Mein Vater wuchs im Kaiserreich auf und wurde noch im letzten Kriegsjahr zur Wehrmacht eingezogen. Er hat zuletzt bei der Marine gedient, und nach dem Krieg wurde er zum

Minensuchen eingesetzt. Er hat die Revolution gegenüber dem Kaiser im November 1918 miterlebt – damals brach für ihn eine Welt zusammen. Ich denke, er hat sich politisch in der christlichen Volkspartei, im Zentrum, engagiert. Den Nationalsozialismus erlebte er als barbarisch. Er hielt lange einen Juden als Angestellten versteckt und konnte ihm helfen, heil über die Grenze zu fliehen. Er wurde ein paar Mal von der Polizei abgeholt, weil man ihn denunziert hatte. Aber er kam immer wieder frei.

Von Jugend an war er in der Kirche sehr aktiv. Der tägliche Gottesdienstbesuch war für ihn selbstverständlich. Von meinem Onkel und von der liturgischen Bewegung lernte er, täglich die Komplet zu beten.

Letztendlich wurde er Kaufmann ...

■ Ja, doch er hatte es anfangs ziemlich schwer, und nach dem Zweiten Weltkrieg ging das Geschäft gar nicht gut. Die wirtschaftliche Situation in Deutschland war sehr schlecht, und viele Kunden konnten die Rechnungen nicht zahlen. Da mein Vater sehr gutmütig war, blieb er auf den vielen unbezahlten Rechnungen sitzen. So musste er Konkurs anmelden. Er schloss das alte Geschäft in München und begann ein neues Geschäft auf niedrigerem Niveau im Familienhaus. Unser Wohnzimmer diente als Büro, der Lagerraum befand sich im Keller.

Meine Mutter war mit den sieben Kindern beschäftigt und führte den Haushalt. Später, als das Geschäft direkt im Haus war, versuchte sie auszuhelfen: Sie öffnete den Kunden die Tür und unterhielt sich mit ihnen.

Mein Vater hatte etwas sehr Gütiges, er war nicht der typische Kaufmann. Trotzdem hat er aus dem Nichts das Geschäft aufgebaut, und das obwohl er nicht am Geld hing. Mein Vater war immer sehr gastfreundlich. Jedes Jahr an Weihnachten lud er einen ausländischen Studenten aus dem Steyler Kolleg in München ein. In praktischen Dingen war er aber unbeholfen, und deshalb war für den Alltag eher meine Mutter zuständig. Sie hatte eine optimistische Lebensauffassung. Sie ging gerne auf Menschen zu und fand schnell Kontakt. Auch im Alter, als sie nur noch 4 % Sehkraft hatte, hat sie nicht geklagt, sondern das Beste daraus gemacht. Sie war immer dankbar für ihr Leben und hat uns Kindern eine positive Einstellung zum Leben vermittelt.

War sie diejenige, die Ihr geistliches Leben am meisten formte?
■ Nein, meine spirituelle Entwicklung ist eher vom Vater geprägt. Mein Vater hat nämlich neben dem Geschäft viel gelesen, auch theologische Bücher. Er ist jeden Sonntag mit uns Kindern spazieren gegangen und hat in uns die Liebe zur Natur geweckt. Meine Eltern gingen täglich zur heiligen Messe in die Kirche. Weil wir neben der Kirche wohnten, waren wir alle Ministranten und sind in der Pfarrei groß geworden. Wenn im Sommer kein Ministrant zur Messe kam, sprangen regelmäßig wir, die Grüns, ein, da wir am nächsten wohnten.

Wie war das normale Leben in Lochham in der Zeit Ihrer Kindheit?
■ Lochham war ein Vorort von München. Dort kamen Menschen aus vielen verschiedenen Gegenden Deutschlands zusammen. Es war mehr ein Wohnort und hatte kaum Tradition. Für meinen Vater war es wichtig, nach dem Krieg mitzuhelfen, dass in Lochham eine katholische Kirche gebaut wurde. Vorher hatten sie einen langen Weg in die Kirche. So war 1947 die Lochhamer Kirche die erste, die nach dem Krieg in der Diözese München neu gebaut worden ist. Ich erinnere mich an die kirchlichen Bräuche, die Mitfeier der Adventszeit mit den Rorateämtern in der Frühe, die Feier der Kartage und Ostern und die schönen Maiandachten. Nach Ostern fanden die Bittprozessionen durch den nahe liegenden Wald statt.

Sie sagten, Sie wären sieben Kinder zu Hause gewesen. Waren Sie der Älteste?

■ Nein, die älteste ist meine Schwester, die nicht verheiratet ist, nach ihr kommen vier Buben und dann wieder zwei Schwestern. Ich bin genau in der Mitte. Ich muss sagen, dass die Geschwister gute Beziehungen zueinander haben. Große Familien waren damals noch nicht so selten wie heute. Unsere Tante, die Schwester meiner Mutter, war auch mit einem Mann aus München verheiratet, der bei meinem Vater im Geschäft arbeitete. Sie wohnten neben uns und hatten sechs Kinder. Zusammen mit ihnen bin ich groß geworden. Wenn viele Menschen unter einem Dach sind, müssen sie irgendwie miteinander auskommen und einander respektieren. So lernt man von klein auf in gesunden Beziehungen zu leben.

Wie sind die Erinnerungen an Ihre Kindheit?
■ Wir hatten eine sehr glückliche Kindheit. Finanziell war es natürlich eine eher bescheidene Zeit. Aber wir hatten einen großen Garten und haben sehr viel miteinander gespielt. Wir hatten viel Phantasie. Es ist uns nie langweilig geworden. Natürlich haben wir einige Streiche gespielt, die nicht immer sehr vernünftig waren. Wenn wir aber zum Beispiel beim Fußballspielen gestritten haben, kam mein Vater aus dem Geschäft heraus und ließ uns in zwei Reihen einander gegenüber stehen. Dann hielt er uns eine Ansprache über deutschen Sportgeist. Dann mussten wir uns die Hand geben und sagen: „Hipp, Hipp, Hurra." Und das war meistens so lächerlich, dass wir alle lachen mussten. Damit war der Streit vorbei.

Welches Spiel oder welche Unterhaltung bevorzugten Sie?
■ Am liebsten haben wir Fußball gespielt. Jede freie Minute auch in der Volksschule haben wir darauf verwandt. Außerdem haben wir gerne gebastelt. Mit sieben Jahren habe ich zusammen mit meinen Brüdern einen Fischteich gebaut, in den wir Fische aus einem nahe liegenden See einsetzten. Von klein auf mochte ich auch alle möglichen Feste. Wenn wir zum Beispiel einen toten Vogel fanden, haben wir ihn feierlich beerdigt. Wir sind mit einem selbst gebastelten Kreuz

in Prozession durch den Garten gezogen und haben anschließend den Vogel in ein Grab gelegt.

An Weihnachten haben wir Weihnachtslieder miteinander gesungen. Ich habe als Kind Flöte gespielt, und manchmal habe ich unsere Lieder mit der Flöte begleitet. Meine Mutter war sehr musikalisch: Sie hat in der Kirche am Werktag die Lieder angestimmt. Mein Vater war weniger musikalisch und hat nur mitgesungen. Aber als wir klein waren, sang er uns Kinderlieder vor.

Haben Sie in Ihrer Familie bestimmte Bräuche gepflegt, z. B. in der Weihnachts- oder Osterzeit? Ihre Eltern stammen vom Lande, wo es sicher verschiedene Traditionen gab.

■ Wir haben sehr intensiv mit dem Kirchenjahr gelebt. In der Adventszeit setzten wir uns um den Adventskranz und sangen Lieder. Wir gingen am frühen Morgen ins Rorateamt. An Weihnachten las der Vater vor der Bescherung immer das Weihnachtsevangelium vor. Dann wurde ein Lied gesungen, und erst danach packten wir die Geschenke aus. An Dreikönig räucherten wir das ganze Haus mit Weihrauch. In der Fastenzeit verzichteten wir auf alle Süßigkeiten und haben die geschenkten Bonbons in eine extra Dose getan, die wir erst an Ostern öffneten. In den Kartagen malten wir Ostereier an. Die Eltern versteckten sie im Garten, und an Ostern haben wir Kinder sie gesucht.

Machten Sie auch Ausflüge, besuchten Sie z. B. die Großeltern?

■ Als meine Eltern heirateten, waren ihre Eltern schon tot. So habe ich nie Großeltern erlebt. Ich kannte nur die Verwandtschaft in der Eifel, das aber erst ab dem Jahre 1957, als wir mit unserem VW-Bus eine Fahrt in diese Gegend unternahmen.

Wer kam auf die Idee, sich einen Bus anzuschaffen?

■ Der VW-Bus diente zuerst einmal dem Geschäft. Wir mussten werktags die elektrischen Geräte zu den Kunden fahren. Nur am Wochenende stand der Bus auch der Familie zur Verfügung. Wir haben damit manchmal Ausflüge ins Gebirge gemacht. Die weiteste Reise war 1957, als wir die Verwandten im Ruhrgebiet und in der Eifel besuchten.

In der Zeit gingen Sie bereits zur Schule? Wie kamen Sie da zurecht?
◼ Ich bin gerne in die Schule gegangen und war ein guter Schüler. Ich bin nur vier Jahre in die Volksschule in Gräfelfing (der Gemeinde von Lochham) gegangen. Dann kam ich ins Internat nach Münsterschwarzach und besuchte später das Gymnasium in Würzburg. 1964 habe ich dann in Würzburg das Abitur gemacht.

Für welchen Beruf interessierten Sie sich in der Kinderzeit?
◼ Zuerst wollte ich Bäcker werden, weil ich als Kind gerne Süßigkeiten aß. Die waren damals bei uns selten. Kuchen gab es nur an Festtagen. Dann wollte ich Maurer werden. Ich habe gerne gemauert, z. B. den Fischteich. Außerdem hatte unser Haus noch Schäden vom Krieg her. Da habe ich gerne ausgebessert.

Mit zehn Jahren äußerte ich meinem Vater gegenüber den Wunsch, Priester zu werden. Ich ging damals zur Erstkommunion und nahm das sehr ernst. Mein Vater fragte mich, ob ich Weltpriester oder Ordenspriester werden wollte. Ich wusste gar nicht, was Ordensleute sind. Meine spontane Frage war: „Wie viel verdient denn ein Kaplan?" Da mir das zu wenig war, wollte ich dann lieber Ordenspriester werden. Mein Onkel war ja Benediktiner. Er hat mich dazu angeregt, in Münsterschwarzach ins Internat und danach ins Gymnasium zu gehen. Mein Ziel war dann immer, Benediktiner zu werden. Allerdings hat dieser Wunsch einige Krisen erlebt, besonders in der Pubertät und vor dem Abitur. Zwischendurch wollte ich auch Naturwissenschaftler werden, z. B. Biologe.

Sie sagten, Ihr Vater habe viel gelesen. Er hatte sicher auch eine Bibliothek zu Hause. Sehnten Sie sich nicht danach, Schriftsteller zu werden?

■ Nein, als Kind habe ich nicht viel gelesen. Da habe ich lieber gespielt. Im Gymnasium las ich dann in den ersten Jahren die Bücher von Karl May, außerdem natürlich religiöse Bücher, etwa Heiligenbiographien, wie sie uns damals im Internat angeboten wurden. Aber ich war nicht die typische Leseratte. Erst später im Kloster während des Studiums habe ich sehr viel gelesen.

Wie sah das Leben in Ihrer Pfarrgemeinde aus?

■ Wir wurden 1947 zuerst Kuratie und erst später Pfarrei. Aber wir hatten immer junge Kapläne. Unser Pfarrer war sehr musikalisch. Er konnte gut singen, liebte die Liturgie und hat sie immer schön gefeiert. Seine Predigten interessierten mich als Kind und Jugendlicher weniger, und ich kann mich erinnern, dass wir da öfter gelästert haben. Aber sonst war er ein guter Mensch. Er war gerne in unserer Familie und hat manchmal mit uns Ausflüge ins Gebirge gemacht. Die Kapläne haben mich fasziniert.

Warum?

■ Zum Beispiel weil sie mit uns Ministranten Zeltlager organisierten. Wir fuhren in die Alpen und haben dort eine Woche lang gezeltet, miteinander Gottesdienst gefeiert und sind viel gewandert. Das waren sehr dichte Zeiten, an die ich gerne zurückdenke. Da ist die Jugend zusammengewachsen. Im Mai waren wiederum jeden Tag Maiandachten – die waren sehr schön. Danach gab es eine Jugendrunde. Die örtliche Jugend traf sich meistens im Anschluss an den Kirchgang. In der Pfarrgemeinde gab es eine lebendige Gemeinschaft mit guter Seelsorge.

Lebendig war bei uns auch die Liturgie. Ich hatte als Kind immer eine Liebe dazu. Vor allem die Karliturgie und die Advents- und Weihnachtsliturgie haben mich tief berührt und geprägt. Wahrscheinlich haben sie in mir den Wunsch nach dem Priesteramt wachgerufen.

Nahmen Sie in der Jugend auch an Wallfahrten teil? Haben Sie einen beliebten Wallfahrtsort?

■ In der Nähe von München, etwa eine Stunde von meinem Vaterhaus, war ein kleiner Wallfahrtsort Maria Eich. Dorthin bin ich oft mit meinem Vater gewandert. An großen Wallfahrten habe ich als Jugendlicher nicht teilgenommen. Während des Schuljahres war ich ja im Internat, und die Wallfahrten fanden meistens während des Schuljahres statt.

Welcher ist Ihr Lieblingsheiliger?

■ Natürlich mein Namenspatron, der heilige Anselm. Von ihm wird berichtet, dass er der liebenswürdigste Mensch seiner Zeit war. Aber was mich vor allem an ihm fasziniert, ist seine Theologie, die dem Gebet entspringt. Sein Programm „Fides quaerens intellectum" (Der Glaube sucht nach Einsicht) ist auch das Leitmotiv meiner Theologie. Als Jugendlicher war ich fasziniert vom heiligen Christophorus und vom heiligen Georg – die hatten keine Angst und haben ihr Leben selbst in die Hand genommen.

Kehren wir nochmals zu Ihren Kaplänen zurück, die Sie so faszinierten. Inwiefern ist es Ihrer Meinung nach wichtig, in der Kindheit ein priesterliches Vorbild zu haben?

■ Für mich als Ministrant war es sicher sehr wichtig, dass wir gute Kapläne hatten, die uns nahe standen. Durch die Begegnung mit ihnen kam in mir schon mit zehn Jahren der Wunsch auf, Priester zu werden, selbst wenn das damals noch sehr infantil war.

Sie erzählen von einer Kindheit in einer intakten Familie und einem stabilen kirchlichen Milieu, mit einer gesicherten Tradition. Heute ist das nicht mehr selbstverständlich. Wie können die Grunderfahrungen von Heimat und Geborgenheit, die ja auch für religiöse Erfahrung wichtig sind, unter erschwerten gesellschaftlichen Bedingungen ermöglicht werden?

■ Es ist heute sicher schwerer, die Erfahrung von Heimat und Geborgenheit in der Familie und in der Kirche zu machen. Aber in jedem steckt zumindest die Sehnsucht nach Heimat und Geborgenheit. Daher sind junge Menschen ansprechbar, wenn sie so etwas wie Geborgenheit und Angenommenwerden erfahren. Das kann in einer Jugendgruppe sein, in der Klassengemeinschaft oder auch in einer religiösen Gruppe. Nur stehen die religiösen Gruppierungen nicht mehr für alle offen. Sie erreichen nicht mehr das Gros der Jugendlichen. Umso wichtiger ist es, dass die Kirche dort, wo sie die Jugendlichen erreicht – etwa bei der Kommunionvorbereitung oder Firmvorbereitung –, solche Erfahrungen von Heimat und Geborgenheit vermittelt, nicht nur durch gute Beziehungen, sondern auch durch religiöse Erfahrungen, die ein numinoses Gefühl in den Jugendlichen hervorrufen. Jugendliche sind ansprechbar für das Geheimnisvolle und Numinose. Nur muss es authentisch vermittelt werden.

Glauben Sie, dass die heutige Krise in den geistlichen Berufen auch durch mangelnde und für den jungen Menschen verständliche und anregende Priestervorbilder beeinflusst ist?

■ Das Problem ist heute, dass es in den Pfarreien kaum noch Kapläne gibt. Also gibt es keine Priester, die mit der Jugend arbeiten. Die Pfarrer haben immer weniger Zeit und außerdem ist der Altersunterschied groß. Es gibt auch heute viele gute Priester. Aber die jungen Menschen haben den Eindruck, dass diese kaum Zeit haben, weil sie drei Pfarreien auf einmal betreuen müssen. Die Priester sind als Menschen genauso Vorbild wie damals, aber sie sind den jungen Menschen nicht mehr so nahe. Das ist sicher auch einer der vielen Gründe, warum es immer weniger Nachwuchs im Priesterberuf gibt.

Ihr Onkel hat Ihnen den Weg ins Benediktinerinternat gebahnt. Wie war es dort?

■ Die ersten fünf Jahre war ich in den klösterlichen Internaten und in der Klosterschule von St. Ludwig und Münsterschwarzach. Dort waren sehr strenge Lehrer, aber ich hatte mit ihnen keine Probleme – ich habe gelernt, wie man die Zeit ausnutzen und effektiv lernen kann. Die letzten vier Jahre war ich dann im Internat der Benediktiner in Würzburg, ging aber auf das staatliche Gymnasium. Dort, in der Auseinandersetzung mit anderen Schülern, festigte sich mein Entschluss, Benediktiner zu werden.

Um welche Auseinandersetzungen handelte es sich?
■ Die Auseinandersetzungen hatten ihre Ursache darin, dass nun erlaubt war, selbständig zu denken und nicht einfach die alten Antworten zu übernehmen. Es war für mich sehr fruchtbar, diese Erlaubnis zum eigenen Denken zu bekommen und auch kirchlich manches in Frage zu stellen, was bisher als Tabu galt.

Hatten Sie am Gymnasium ein Lieblingsfach?
■ Ich interessierte mich vor allem für Biologie, ließ mir daher zu Weihnachten ein Mikroskop schenken. Mich interessierte der Zusammenhang von Theologie und Naturwissenschaften. Sehr gut war ich in Mathematik, aber auch in den Sprachen Latein und Griechisch. In allen drei Fächern hatte ich immer eine Eins.

Interessierten Sie sich schon damals für Psychologie?
■ Die Psychologie war in dieser Zeit für mich noch nicht so wichtig. Ich wollte vor allem mein Wissen nach außen erweitern und befasste mich weniger mit der eigenen Psyche. Ich war voller Ehrgeiz, als künftiger Theologe die Sachgebiete dieser Welt zu kennen.

Welcher Mensch oder welches Buch hat Sie damals angesprochen?
■ Angesprochen hat mich vor allem der Religionslehrer Karl Heinrich. Er hat uns die Auseinandersetzung des Konzils mit

der modernen Welt nahe gebracht. Es ging um die Auseinandersetzung zwischen der alten, der Scholastik verpflichteten und über ein klares System verfügenden Theologie und der neuen Theologie, wie sie vor allem Congar, Lubac, Rahner und Küng entwickelten. Plötzlich galten keine klaren Antworten mehr. Man suchte nach Möglichkeiten des Dialogs mit Gesellschaftswissenschaften wie Psychologie oder Soziologie. Dieser Lehrer hat meine Berufung zum Priester gefördert.

Außer der Pflichtlektüre im Deutschunterricht haben mich immer Bücher interessiert, die den Zusammenhang von Naturwissenschaft und Theologie darstellten, wie z. B. die Bücher der Jesuiten Overhage und Haas, die als Theologen und Biologen wirkten.

Paul Overhage war Professor für Biologie in der Ordenshochschule St. Georgen in Frankfurt. Er schrieb einige Bücher zum Thema Evolution und Entstehung des Menschen, die Ende der fünfziger und Anfang der sechziger Jahre erschienen sind, wie z. B. *Die Evolution des Lebendigen* und *Um das Erscheinungsbild des ersten Menschen*. Adolf Haas war der andere Jesuit, der ähnliche Bücher schrieb, wie *Die Entwicklung des Menschen* und *Das stammesgeschichtliche Werden der Organismen und des Menschen*. Natürlich faszinierte mich auch die Persönlichkeit Karl Rahners, aber den habe ich in der Gymnasialzeit kaum verstanden. Außerdem las ich gerne geschichtliche Bücher, wie *Die Bibel hat doch recht*.

In dieser Zeit wurde das Papstrundschreiben „Divine afflante spiritu" veröffentlicht, in dem zum ersten Mal erlaubt wurde, in der Bibel auch die verschiedenen literarischen Gattungen zu unterscheiden. Diese Enzyklika erkannte die Erkenntnisse der modernen Bibelwissenschaft an. Kam die Veröffentlichung dieser Enzyklika nicht ein bisschen zu spät?

■ Es war sicher höchste Zeit, dass die Enzyklika den Bibelwissenschaftlern erlaubte, die modernen wissenschaftlichen Methoden auf die Bibel anzuwenden. Denn sonst wären die

22

katholischen Exegeten unglaubwürdig und zugleich unbedeutend geworden.

Glaube und Wissenschaft wurden in den letzten zwei Jahrhunderten sehr oft krass einander gegenübergestellt. Wie haben Sie als junger Student diese Spannung erlebt? Konnten Sie damals einige Probleme auf diesem Gebiet für sich lösen?
■ Für mich war es immer wichtig, den Dialog zwischen Naturwissenschaft und Theologie zu pflegen. Allerdings haben sich die Schwerpunkte verlagert. Am Anfang war es mir wichtig, die Biologie und die Physik mit der Theologie in Einklang zu bringen. Dann spürte ich, dass die Ergebnisse der Naturwissenschaft hinsichtlich der Evolution theologisch gar nicht so wichtig sind. Gegen Ende des Studiums war die Psychologie für mich der eigentliche Gesprächspartner mit der Theologie. Ich wollte die theologischen Worte auf ihren Erfahrungshintergrund hin befragen.

Hatten Sie neben dem Studium auch Zeit für Hobbys?
■ Als Hobby habe ich fotografiert und die Bilder selbst entwickelt. In den Ferien unternahm ich mit meinen Brüdern und Vettern weite Fahrradtouren in die Alpen. Dort haben wir gezeltet und sind auf die Berge geklettert. Ich habe sehr gerne und auch ziemlich gut Fußball gespielt.

Wie sah in dieser Zeit Ihr geistliches Leben aus?
■ Da ich im Internat lebte, nahm ich täglich an der heiligen Messe teil. Außerdem war täglich gemeinsames Morgen- und Abendgebet und jährlich waren Exerzitien. Die Schweigeexerzitien bedeuteten für mich meistens Orte tiefer geistlicher Erfahrung. Aber mein geistliches Leben war damals sehr vom Kopf und vom Willen her bestimmt. Beeindruckt haben mich manche gregorianische Gesänge, die wir am sonntäglichen Konventamt miterlebten, etwa das „Rorate" in der Adventszeit oder das „Inviolata" am 8. Dezember, am Tag der Unbefleckten Empfängnis Mariens.
    Der Glaube war für mich selbstverständlich. Aber ich

wollte einen ehrlichen und keinen oberflächlichen Glauben. Ich suchte schon damals nach meiner Sendung: Wie kann ich den christlichen Glauben in der heutigen Welt so leben und formulieren, dass andere ihn verstehen? Mein Hauptziel blieb weiterhin, meiner Berufung als Benediktiner zu folgen.

Was war das Hauptmotiv Ihrer Entscheidung für das Priestertum?

■ In der Kindheit war sicher die Faszination an der Liturgie und an der religiösen Welt für mich der Grund, Priester zu werden. Die Kirche war immer meine Heimat, ich bin mit der Kirche aufgewachsen, und auch in den Ferien ging ich fast täglich zur Messe und ministrierte. Vor dem Abitur aber war meine Motivation, Priester zu werden, sehr vom Ehrgeiz bestimmt.

Was wollten Sie erreichen?

■ Ich wollte etwas für die Kirche und für das Reich Gottes leisten. Daher fragte ich mich, wo ich das in besonders starkem Maße tun könnte. Damals dachte ich daran, in die Mission zu gehen, möglichst weit weg, etwa nach Korea, wo es schon schwer ist, die Sprache zu lernen.

Waren Sie je verliebt?

■ Im Internat war die Beziehung zu Mädchen sehr eingeschränkt. In der Schule begegnete ich dann den Mädchen täglich. Und da haben mich einige sehr angesprochen. Es war jedoch mehr eine innere Schwärmerei. Später während meines Studiums habe ich mich verliebt. Trotzdem war für mich immer klar, dass ich meinen Weg als Mönch und Priester weitergehen möchte.

Sie geben jedoch zu, dass Sie auch von Zweifeln geplagt waren. Worum ging es da, und wer hat Ihnen geholfen, sie zu überwinden?

■ Die ersten Zweifel kamen in der Pubertät, als meine Sexualität erwachte. Damals stellte ich mir die Frage, ob ich ehelos leben könnte. Ich sprach damals nicht mit anderen über meine Probleme, sondern suchte Antworten in dem, was die Erzieher sagten und vorlebten. Vor dem Abitur überlegte ich, ob ich nicht lieber Jesuit als Benediktiner werden sollte. Die haben mich damals fasziniert, weil sie bekannte Theologen hatten. Ich hatte Angst, als Benediktiner meine Fähigkeiten nicht entwickeln zu können. Damals sprach ich mit meinem Vater darüber, der begeistert über die Möglichkeiten eines Benediktiners sprach und mir am Beispiel seines Bruders zeigte, welche Wirkung ein Benediktiner in der Kirche und in der Welt haben konnte.

Und so entschied ich mich nach einigen Zweifeln doch für die Benediktiner. Ich kam zu der Überzeugung, dass mir diese Gemeinschaft zahlreiche Anstöße geben konnte, die mein Interesse am angetretenen Weg auch künftig nähren würden. Ich trat in diesen Orden, weil er sich der Missionsarbeit widmete. Denn die umfangreiche Missionsarbeit hatte für mich schon immer eine ungeheure Anziehungskraft. Ich wollte einfach nicht nur enge Horizonte erobern.

Hatten Sie keine Angst, dass Ihnen einmal das Familienleben fehlen könnte?
■ Im Noviziat und später im Studium habe ich oft die Sehnsucht nach einer Frau gespürt. Ich hatte Angst, dass wir in einer Männergemeinschaft vertrocknen würden. Aber immer, wenn ich mir vorstellte, ich würde heiraten, spürte ich, dass dann eine wesentliche Seite in mir nicht leben könnte. Und ich bekam Angst, zu verbürgerlichen, satt zu werden, anstatt auf dem Weg zu bleiben.

Würden Sie sich selbst als geselligen Menschen bezeichnen?
■ Durch mein Leben in einer großen Familie mit sieben Kindern, dann im Internat und später im Kloster war ich immer in der Gemeinschaft und habe mich dort wohl gefühlt. Und ich konnte mich gut auf die Gemeinschaft einlassen. Aber ich brauchte auch immer Raum für mich selbst. Einen solchen Platz habe ich eben in unserem Kloster gefunden.

II. Als Deutscher fühle ich Schuld

Vom Theologiestudium, vom Konzil und von Hitler

Der Benediktinerorden, in den Sie eingetreten waren, hatte für Sie sozusagen schon eine Art Familientradition. Was ist für Sie – auch im Rückblick – das Besondere an den Benediktinern? Was unterscheidet diesen Orden von anderen? Was ist anders als bei einem Eintritt in einen anderen Orden?

■ Wenn man in ein Benediktinerkloster eintritt, so tritt man in eine konkrete Gemeinschaft ein, in der man zeit seines Lebens bleibt. Und die Benediktiner sind nicht gegründet für eine bestimmte Aufgabe, wie das oft am Anfang der Entstehungsgeschichte anderer Orden steht, sondern um christlich miteinander zu leben, um gemeinsam Gott zu suchen. Die Benediktiner sind daher offen für alle Arbeiten. Aber das Entscheidende ist nicht das Werk nach außen, sondern das authentische Leben. Für mich ist es wichtig, gemeinsam auf dem Weg zu bleiben. Das hält lebendig. Und das macht auch die Arbeit fruchtbar. Natürlich gehört auch die Arbeit wesentlich zum benediktinischen Leben. Nicht umsonst ist die Devise „ora et labora – bete und arbeite" typisch für uns geworden. Doch wir sind nicht festgelegt auf eine Arbeit, sondern sind da flexibel, je nachdem, auf welche Bedürfnisse der Menschen wir antworten möchten.

Was bedeutete für Sie der Eintritt ins Noviziat konkret?

■ Ins Noviziat trat ich im Jahre 1964 ein. Dadurch öffnete sich für mich eine völlig neue Welt. Bereits das Aufstehen morgens kurz vor fünf machte mir zu schaffen. Auch das Tragen des Mönchsgewands war mir fremd. Ich war aber sehr ehrgeizig und führte alles so aus wie die anderen Mönche, um Christus stets ähnlicher zu werden. Wie ich bereits gesagt habe, wurde mein damaliges geistliches Leben vom Willen und Ehrgeiz bestimmt.

Inwieweit ist Ehrgeiz als Motivation im geistlichen Leben gesund, und ab wann beginnt er gefährlich zu werden?
■ Die frühen Mönche sagen, dass der Ehrgeiz einen jungen Mönch dazu antreibt, Disziplin zu üben und mit seinen Leidenschaften zu kämpfen. Der Ehrgeiz spornt mich an, sorgfältig zu arbeiten, viel zu lesen und mich für eine Predigt gut vorzubereiten. Insofern brauche ich den Ehrgeiz. Aber dieser kann zur Falle werden, wenn ich unersättlich bin, mich immer mehr antreibe und alles perfekt machen möchte. Dann wird der Ehrgeiz zu einem Druck, der mich überfordert. Und es geht mir nicht mehr um Gott, sondern nur noch um mich und meinen guten Ruf.

Sie haben direkt nach dem Anfang des II. Vatikanums Theologie studiert. Wie haben Sie die Atmosphäre des Konzils erlebt? Womit hat es Sie am meisten angesprochen?
■ Ich war noch im Gymnasium, als das Konzil begann. Unser Religionslehrer hat immer sehr begeistert vom Neuaufbruch des Konzils erzählt. Als ich ins Kloster eintrat, war das Konzil noch im Gang. Für mich war es eine Atmosphäre von Freiheit. Endlich durften die Theologen sagen, was sie denken. Sie wurden in ihrem Forschen nicht mehr durch Verbote beeinträchtigt, und ihre Forschungsbücher wurden nicht mehr verbannt. Ich spürte aber auch eine neue Kraft des Aufbruchs. Kirche und Christentum entwickelten ein neues Selbstvertrauen. Die Theologen redeten bei gesellschaftlichen Vorgängen mit. Sie nahmen die Welt mit ihrer Entwicklung in der Naturwissenschaft, in der Kultur und in der Gesellschaft wahr und reflektierten darüber aus der Perspektive des Glaubens. Ich erinnere mich, wie unsere Augen leuchteten, als uns der Religionslehrer die berühmten Worte Johannes XXIII. wiedergab, wir sollten die Fenster öffnen, um frische Luft in die Kirche eindringen zu lassen. Die Schattenseite davon war jedoch, dass ab 1966 die ersten Mitbrüder bei uns austraten. So wurde

der Schwung nach vorne gleich von einer Austrittswelle gebremst, die uns verunsicherte.

Ich studierte Theologie in den Jahren 1965 bis 1971. Es war die Zeit eines theologischen Aufschwungs und eines regen Interesses. Der geistliche Durchbruch, zu dem es nach dem II. Vatikanum kam, beeinflusste mich sehr. Wir wollten die Welt ändern. Ich wollte für die Theologie eine neue Sprache finden und die Gedanken des Konzils weiterentwickeln. Am meisten sprachen mich dabei zwei Konziltexte an: die pastorale Konstitution *Gaudium et spes* und die Deklaration über die Freiheit der Konfession *Dignitatis humanae*. Der Konstitution *Gaudium et spes* entnahm ich, dass die Kirche die Verantwortung für diese Welt tragen will, und dass sie für diese Welt eine Quelle der Sicherheit und der Hoffnung sein kann.

Sie haben gesagt, dass Sie nach einer neuen Sprache in der Theologie strebten. Warum waren Sie mit der bisherigen theologischen Sprache unzufrieden?
■ Ich empfand die theologische Sprache als eine Insider-Sprache, die die umliegende Welt nicht versteht. Mir wurde das schmerzlich bewusst, als ich versuchte, meinen Geschwistern zu erklären, worüber ich meine Doktorarbeit schreibe und was mein Anliegen dabei sei. Da musste ich eine Sprache finden, die meine Geschwister verstehen. Dies wurde für mich zu einem dauernden Anstoß, meine Sprache immer wieder zu überprüfen, ob sie auch von Nichttheologen verstanden wird.

Wie weit ist die Sprache für die Theologie und für die Verkündigung des Evangeliums wichtig? Welche Rolle sollte diese Sprache erfüllen?
■ Man kann den Inhalt keiner Botschaft von der Sprache trennen. In der Sprache drückt sich unsere Erfahrung aus. Für den jüdischen Dichter Paul Celan ist Glaube ohne Sprache ebenso sinnlos wie Sprache ohne Glaube. Die Sprache will das Unaussprechliche zu Wort kommen lassen und es im menschlichen Herzen gegenwärtig machen. Für mich

muss die Sprache der Verkündigung voller Ehrfurcht vor dem Geheimnis sein, behutsam und achtsam. Sie soll Beziehung stiften zum Hörer. Sie soll ein Haus bauen, in dem der Hörer oder der Leser zu Hause sein kann, in dem er das ausgesprochen findet, was sein Herz noch nicht in Worte gefasst, aber immer schon gewusst hat.

Die Sprache verrät uns auch. An der Sprache eines Menschen erkennen wir, ob er liebt, ob er sich selbst ehrlich anschaut und versöhnt ist mit sich selbst, oder aber ob er Menschen verachtet, hart und unbarmherzig ist. Manchmal erschrecke ich vor der Sprache mancher Theologen. Vor lauter Intellektualismus erkennen sie nicht, dass sie mit ihrer Sprache letztlich sich selbst aussprechen. Und oft genug ist es ein unaufgeräumtes, wirres und bitter gewordenes Herz, das da zur Sprache kommt.

Für Theologie interessierten Sie sich auch nach dem Studium …

■ Das Studium beendete ich im Jahre 1971 mit einem Lizentiat in Theologie. Dann bereitete ich mich drei Jahre lang auf das Doktorat vor. Damals waren die deutschen Exegeten – die katholischen sowie die evangelischen – führende Persönlichkeiten in diesem Bereich, und ich las eine ganze Reihe von Autoren: Schnackenburg, Bultmann, Vögtle, Schlier u. a. Es überraschte mich, worauf man in der Bibel stoßen kann. Dies zeugte nicht nur von meiner Neugier und von meinem Verlangen nach Wissen, sondern auch von meinem Willen, mich dem historischen Jesus zu nähern und Fragen zu stellen, mit denen mich die Bibel in der heutigen Zeit anspricht.

Welche philosophischen und religiösen Fragen haben Sie damals am meisten interessiert?

■ Mein Interesse richtete sich zuerst auf die Existenzphilosophie, weil sie meiner Ansicht nach die Fragen des modernen Menschen beantwortet hat. Die Existenzphilosophie – etwa Heideggers, Sartres oder Camus – hat dem Menschen seine Wahrheit schonungslos vor Augen geführt. Und sie hat die Theologie befruchtet, weil sie die Bedingungen des Menschen bloßgelegt hat, in die hinein das Wort der Frohen Botschaft verkündet werden soll. Sie hat die Theologie herausgefordert, nicht mehr am Menschen und seiner Existenz vorbeizureden, sondern sich auf den Menschen mit seinen Sehnsüchten und Gefährdungen einzulassen. Die Existenzphilosophie bietet nämlich keine Theorie über den Menschen, sondern sie beschreibt den konkreten Menschen in seinem Ringen um das Gelingen seines Lebens.

Einige Katholiken möchten, dass die Philosophie zum Thomismus zurückkehrt. Die gesamte neuzeitliche Philosophie ist für sie nur eine Sackgasse. Wie sehen Sie dieses Problem? Welche Beziehung haben Sie zur Philosophie des heiligen Thomas von Aquin?

■ So betrachtete man seinerzeit auch die griechischen Kirchenväter, Anselm von Canterbury und Thomas von Aquin. Wenn wir die philosophischen Strömungen unserer Zeit beurteilen, dürfen wir sie nicht gleich verurteilen. Wir müssen uns mit ihnen auseinander setzen und erkennen, wovon sie sich speisen. Sonst reden wir womöglich am heutigen Menschen vorbei. Der Thomismus hat seine großen Verdienste. Ich selbst verdanke dem heiligen Thomas sehr viel. Ich habe ihn allerdings durch die Neuinterpretation von Karl Rahner in seinem bekannten Werk *Geist in Welt* kennen gelernt. Thomas hat für mich das Geheimnis der Inkarnation sehr gut begriffen. Seine Theologie ist sehr ausgewogen. Allerdings werden wir Thomas heute nicht gerecht, wenn wir ihn nur wiederholen oder wenn wir ihn – wie die Neuscholastik das tut – in ein enges System zwängen. Thomas regt uns an, unserem Verstand und der Weite Gottes zu trauen.

In welcher Weise kann die moderne Philosophie eine Bereicherung für die Theologie darstellen?

■ Die Theologie ist Reflexion auf die Glaubenserfahrung des Menschen. Und die Glaubenserfahrung des Menschen ist von den Strömungen des Zeitgeistes abhängig. Die Theologie kann den Menschen in seiner Erfahrung nur ansprechen, wenn sie auf sein Denken eingeht. Und das kommt gerade in der modernen Philosophie zum Ausdruck. Ob es Wittgenstein, Horkheimer, Marcuse, Jonas oder Levinas sind, jeder Denkansatz ist eine Herausforderung für die Theologie, auf die heutigen Fragen des Menschen eine Antwort zu versuchen. Ich kann die Antwort nicht formulieren, wenn ich nicht genau weiß, welche Fragen den Menschen heute beschäftigen.

Kehren wir dazu zurück, welche theologische Fragen Sie während des Studiums beschäftigten ...
■ In der Theologie interessierten mich vor allem die Exegese und die Dogmatik. Ich habe versucht, mich in beiden Bereichen möglichst ausführlich zu bilden und die grundlegende Literatur zu lesen. Ich habe in Rom Theologie studiert, und die Vorlesungen waren auf Latein. Ich kam mit einer großen Neugier ins Studium und habe mich sozusagen darin verliebt. Das wurde auch bald zur Ursache meiner späteren Krise. Ich geriet mit meinen Empfindungen in den Zustand einer inneren Unruhe und merkte, dass ich mit dem reinen Willen und der reinen Vernunft nicht alle Fragen lösen kann. Das hat mich persönlich ziemlich verunsichert.

Wo stießen Sie konkret an die Grenze Ihrer Vernunft? Was hat Sie so beunruhigt?
■ Ich wollte wissen, was die Theologie dem Menschen heute zu sagen hat, aber manche Antworten gingen an mir vorbei. Ich dachte, das kann doch nicht alles sein, was die Theologie zu einem bestimmten Problem anbietet, sie muss doch auf meine Fragen eingehen.

Um welche Fragen ging es?
■ Eine wichtige Frage war für mich von Anfang an die Frage nach der Erlösung. Was heißt „Erlösung"? Wo erfahre ich sie? Was hat sie mit Jesus zu tun, mit seinem Tod am Kreuz? Das machte mich unruhig und trieb mich an, dazu immer mehr zu lesen und mir meine eigenen Gedanken zu machen.

Auf der anderen Seite weiß ich, dass ich nicht durch bloße Überlegung das Geheimnis Gottes erfassen kann. Früher oder später kommt der Punkt, an dem ich mich einfach auf den unfassbaren Gott einlassen muss. In einem bestimmten Augenblick musste ich erkennen, dass ich mich nicht allein mit meinem Willen zu einem spirituellen Menschen formen konnte. Da war zwar mein Wille eine gute Hilfe, aber ab einer bestimmten Zeit musste ich ihn loslassen, um in Gott eine neue Freiheit zu erfahren.

Was half Ihnen dabei?
■ Aus meiner Krise halfen mir meine theologischen Lehrer – etwa Magnus Löhrer, Rafael Schulte und Notker Füglister –, bei denen ich ein ehrliches Ringen um eine neue Antwort auf die Fragen des heutigen Menschen spürte. In meinem Schwanken halfen mir auch die Gespräche mit den jungen Mitbrüdern, die mit mir studierten. Und es halfen mir die vielen Bücher, die ich damals las. Ich habe normalerweise jeden Tag 100 bis 150 Seiten gelesen, und zwar nicht nur theologische Literatur, sondern auch Philosophie und Dichtung. Das hat meinen Horizont erweitert.

Kehren wir nochmals zum Konzil zurück. Wie haben Sie die Konzilspersönlichkeiten, z. B. Karl Rahner, Bernhard Häring, Henri de Lubac, Yves Congar, Edward Schillebeeckx, wahrgenommen? Wer hat Sie damals angesprochen?
■ Am meisten hat mich Karl Rahner angesprochen. Ich habe seine Schriften gelesen und meine Promotion über ihn geschrieben: *Erlösung durch das Kreuz. Karl Rahners Beitrag zu einem heutigen Erlösungsverständnis*. Ich beschäftigte mich mit der Frage, wie es zu verstehen ist, dass Jesus uns mit seinem Tode am Kreuz erlöst hat. Es ging mir um die Erlösung und Heilung durch Jesus Christus. In der Zeit habe ich auch eine Reihe psychologischer Bücher gelesen und begann mit der Lektüre von C. G. Jung. Ich habe auch Karl Rahner einmal besucht und mit ihm über seine Theologie diskutiert. Es hat mich sehr beeindruckt, wie bescheiden

dieser große Mann war und sich, ohne sich aufzuspielen, auf die Diskussion eingelassen hat.

Während des Studiums habe ich auch holländische Theologen verfolgt – in holländischen Zeitschriften habe ich zum Beispiel viele Artikel von Edward Schillebeeckx gelesen. Sie haben mich fasziniert. Bernhard Häring blieb mir während des Konzils eher fremd. Ihn lernte ich später schätzen, als ich las, wie unfair ihn die Glaubenskongregation behandelt hat. Die französischen Theologen de Lubac und Yves Congar las ich auch schon während meines Studiums. Bei ihnen schätzte ich die Fähigkeit, von den Kirchenvätern ausgehend eine Theologie für heute zu entwickeln. Da die Kirchenväter in Bildern denken, ist ihre Theologie immer modern. Denn Bilder öffnen ein Fenster. Und jeder kann durch dieses Fenster in die geheimnisvolle Wirklichkeit Gottes schauen. Ich las ebenfalls evangelische Autoren wie Ebeling, Moltmann, Jüngel und Pannenberg. Mein Lizentiat habe ich übrigens der Persönlichkeit des evangelischen Theologen Paul Tillich gewidmet. Ich habe sämtliche Bücher von ihm gelesen. Ich habe auch Hans Küng oder Hans Urs von Balthasar gelesen. Es ging mir dabei immer eher um das richtige Verständnis der christlichen Botschaft als um moralische Forderungen. Außerdem las ich Philosophen wie z. B. Ernst Bloch und Hans-Georg Gadamer. Dadurch wurde meine Theologie bereichert.

„Erlösung durch das Kreuz" – dieser Zugang zu Rahners Theologie scheint heute Menschen, die sich mit dem Leiden und dem Kreuz schwer tun, auf den ersten Blick nicht leicht zu vermitteln. Was ist für Sie das befreiend „Erlösende" daran?

■ Wie ich schon gesagt habe: Die große Frage in der Studienzeit war für mich, warum wir ausgerechnet durch das Kreuz erlöst werden sollten. Als ich mich dann einmal auf diese Frage eingelassen habe, war auf der einen Seite klar, dass wir die Erlösung nicht auf das Kreuz fixieren dürfen. Jesus hat durch seine Predigt und durch seine Heilungstätigkeit die Menschen von ihren Fesseln befreit. Und er hat während seines Lebens den Menschen die Vergebung der Sünden zugesprochen. Und dennoch bleibt für mich das Kreuz die Zusammenfassung all des erlösenden Handelns. Am Kreuz wird für mich deutlich, dass ich bedingungslos geliebt bin, dass es nichts gibt, was nicht verwandelt werden kann. Es gibt keinen Tod, der nicht zum Leben führt, keine Verlassenheit, die nicht ins Vertrauen mündet, keinen Schmerz, der nicht zur Freude werden kann, keine Dunkelheit, die nicht erleuchtet werden wird. Am Kreuz erscheint uns die Liebe Jesu am deutlichsten. Sie macht auch vor den Mördern nicht Halt. Es ist die Liebe bis zur Vollendung, die Liebe, die alles Gegensätzliche in mir einschließt. Wenn ich das Kreuz betrachte, kann ich Ja sagen zu allen Gegensätzen und Widersprüchen in mir.

Viele Diskussionen in dieser Zeit beschäftigten sich mit der Tätigkeit von Pierre Teilhard de Chardin, der sich genauso wie Sie nicht nur für Theologie, sondern auch für die Naturwissenschaft interessiert hat. Wie haben Sie seine Bemühungen um die Aussöhnung zwischen Wissenschaft und Glauben eingeschätzt?

■ Teilhard de Chardin schätzte ich nicht nur wegen seiner Bemühungen, Naturwissenschaft und Theologie miteinander zu vereinbaren. Er hat für mich eine mystische Theologie geschaffen, die ihren Grund in einer neuen Beziehung zur Schöpfung hat. Teilhard de Chardin hat Geist und Materie auf neue Weise miteinander verbunden, und als Antriebskraft in der Schöpfung hat er die Liebe gesehen. Er hat mir die Augen dafür geöffnet, dass ich Gott mitten in der Welt erkennen und erfahren darf, dass Gott ein Gott ist, der die Evolution des Kosmos und des Menschen in Gang setzt, bis alles wieder in ihn einmündet.

Sie erwähnten auch den deutschen Theologen Hans Küng, der von vielen unserer Katholiken als ein „ungehorsamer Theologe", der außerhalb der Kirche steht, betrachtet wird – besonders nach dem Erscheinen seines Buches „Der Unfehlbare". Wie sehen Sie ihn?

■ Hans Küng wirkte an der Universität in Tübingen. Diese Stadt hatte seit je eine lebendige theologische Tradition und war immer der Moderne verpflichtet. Die Theologie Hans Küngs ist nicht unbedingt sehr modern oder irgendwie gefährlich, wie manche glauben. Sie ist eigentlich grundsolide. In Konflikt mit Rom kam Küng durch seine kritische Einstellung gegenüber der Unfehlbarkeit des Papstes. Aber auch da sagt Küng nichts gegen die katholische Lehre. Er wollte die Unfehlbarkeit des Papstamtes nicht theologisch in Frage stellen, sondern nur das Lehramt ermahnen, mit dieser Frage klug umzugehen und ideologisch nicht in die Zeit vor dem Konzil zurückzukehren.

Schon während meines Studiums in Rom habe ich die Doktorarbeit von Hans Küng gelesen, in der er die Theologie des evangelischen Theologen Karl Barth behandelt. Auch sein Buch über die Kirche habe ich damals studiert. Für mich persönlich ist Küng überhaupt kein Theologe, der außerhalb der Kirche steht. Er hat keine Thesen aufgestellt, die irgendwelchen Dogmen widersprechen. Sein Anliegen war eher praktischer Art. Sein Bischof Georg Moser hat sich sehr für ihn eingesetzt. Hinter allen Positionen im Fall Küng kann man auch persönliche Rivalitäten sehen, konkret zwischen ihm und Ratzinger. Hans Küng ist ein frommer Priester, der fest innerhalb der Kirche und ihrer Lehre steht. Gleichzeitig ist er auch in gewisser Weise stur und manchmal arrogant – so dass er es seinen Freunden schwer gemacht hat, zwischen ihm und Rom zu vermitteln. Leider haben Eitelkeiten und Rivalitäten auf beiden Seiten dann doch zum Entzug der Lehrerlaubnis geführt. Das hätte nicht sein müssen, weil es in diesem Streit nicht um Theologie ging, sondern um persönliche Machtspiele. Das ist schade, aber auch das ist Realität: Hinter allen Handlungen in der Kirche verbergen sich auch persönliche Ressentiments. Außerdem ist nicht alles, worauf sich das Lehramt beruft, immer dogmatisch begründet.

Manche Leute haben Küng gegenüber Vorbehalte. Er würde mit seiner Theologie des Weltethos die Eigenart des Christentums relativieren, z. B. dadurch, dass er es in eine Reihe mit anderen Religionen stellt.

▪ Für mich relativiert Küng nicht das Wesen des Christentums. Mit dem Phänomen des Weltethos geht es ihm um einen Dialog aller Religionen und einen Konsens über ethische Grundsätze. Und das halte ich durchaus für ein wichtiges Anliegen heute. Denn gerade die Diskussion um die Genforschung zeigt, dass die Welt gemeinsame Grundsätze braucht, an die sich alle halten. Küng hat die Bedeutung der Religionen – und gerade auch des Christentums – für die Zukunft der Menschheit herausgestellt. Dafür sollten wir ihm dankbar sein.

Wie beurteilen Sie die Konzilpäpste? Worin unterschieden sie sich? Anders gesagt, wäre das Konzil anders ausgefallen, wenn Johannes XXIII. es zu Ende geführt hätte und nicht kurz nach seiner Einberufung gestorben wäre?

▪ Johannes XXIII. war der Visionär, der den Mut aufbrachte, das Konzil einzuberufen. Er hat sehr viel in Bewegung gesetzt. Und er hat durch seine Güte und Menschenfreundlichkeit die Menschen überzeugt. Mit der konkreten Durchführung des Konzils tat er sich nicht leicht. Er wollte es allen recht machen und musste dann schmerzlich erkennen, dass nicht alle seinen Optimismus teilten. Das hat ihm sehr weh getan. Sein Nachfolger Paul VI. war noch als Kardinal Montini einer der führenden Köpfe des Konzils, und gemeinsam mit den Kardinälen Döpfner und Suenens hat er wesentlich dazu beigetragen, dass die fortschrittlichen Kräfte im Konzil siegten. Als Papst war er ängstlicher, aber da befand er sich in einer anderen Situation und stand zwischen zwei Strömungen. Mit seiner Enzyklika *Humanae vitae* hat er uns Theologiestudenten damals sehr enttäuscht. Darin gab er einer konservativen Minderheit nach. Aber im Nachhinein schätze ich Papst Paul VI. sehr. Er war hochintelligent und hat dazu beigetragen, dass sich die Konzilgedanken in der Kirche letztendlich doch durchsetzten. Es war keine leichte Aufgabe, nach dem

Konzil manchen Überschwang zu bremsen und zugleich die Intentionen des Konzils weiter zu führen. Jeder der beiden Päpste hat sein eigenes Charisma und seinen persönlichen Anteil am Erfolg des Konzilswerkes.

Wie schätzen Sie heute, vierzig Jahre nach der Einberufung des Konzils, seine Bedeutung ein? Und konnte die Kirche alle Möglichkeiten ausnutzen, die das Konzil öffnete?

■ Das Konzil war eine Art Aufklärung für die katholische Kirche. Sie hat die Kirche für die heutige Welt geöffnet und ihr einen neuen Anstoß, eine neue Bedeutung gegeben. Leider ist der Schwung des Konzils bald versandet. Die ängstlichen Kräfte in der Kirche gewannen die Oberhand. Sicherlich war das eine Reaktion auf manche Übertreibungen. Manche hatten nämlich das Konzil dahin missverstanden, dass es nun keine Regeln mehr gäbe und alles erlaubt sei.

Die Gedanken des Konzils sollte man trotzdem weiterentwickeln, da sie eine zeitlose Inspiration in sich tragen. Als zum Beispiel die Würzburger Synode in Deutschland versuchte, die Aussagen und Anliegen des Konzils in die Situation der deutschen Kirche zu übersetzen, war dies eine Sternstunde in deren Geschichte. Unter der Leitung von Kardinal Döpfner rang man damals um einen gerechten Ausgleich zwischen konservativen und progressiven Kräften. Da herrschte eine erstaunliche Gesprächskultur und Offenheit füreinander. Kardinal Döpfner, der von seiner Erziehung her sowie in seinem Herzen eher konservativ war, aber die Kirche dennoch mutig für neue Strömungen öffnete, starb letztlich daran, dass konservative Kräfte ihn sehr scharf angegriffen und ihm Verrat an der Kirche vorgeworfen hatten. Die Frommen waren blind für die Brutalität, mit der sie so authentische Bischöfe wie Döpfner beschimpften und bekämpften.

Sie studierten damals in St. Ottilien in Rom. Welche Atmosphäre herrschte in den Reihen der Studenten und Lehrer? Unterstützten sie eher die Kirchenreformen oder hatten sie Angst vor der künftigen Entwicklung?

■ Sowohl bei den Studenten als auch bei den Professoren herrschte damals in St. Ottilien und in St. Anselmo in Rom eine große Offenheit. Alle Professoren unterstützten die Kirchenreformen. Und ich kann mich nicht an Studenten erinnern, die damals gegen das Konzil und seinen Neuaufbruch waren.

Wurden manche nicht aufgeschreckt durch den Verlust des Lateins als universaler Sprache beim Gottesdienst? Die lateinische Sprache hatte doch dem Ritus Würde und Noblesse verliehen. Außerdem drohte sie jetzt als Kirchensprache völlig zu verschwinden.

■ Ich selbst kann heute noch die lateinischen Vesperpsalmen auswendig. Und ich liebe Latein. Aber es hat wenig Sinn, heute die Liturgie in Latein zu halten, da immer weniger Menschen noch Latein können und die Liturgie für alle verständlich sein sollte. In meiner Jugend konnte jeder Gebildete Latein. Heute wird der Prozentsatz der Lateiner immer geringer. Nur um eines abstrakten Prinzips willen Latein aufrechtzuerhalten, halte ich für Unsinn.

Es gibt heute noch eine relativ große Gruppe, die beim Gottesdienst lieber Latein als die Muttersprache hören möchten. Wie sehen Sie diese Nostalgie?

■ Wir singen im Kloster am Sonntag immer ein lateinisches Choralamt. Wir singen die alten Gesänge in Latein. Aber wir kämen nie auf die Idee, die Gebete oder die Lesungen in Latein zu sprechen. Das ginge an den Leuten vorbei. Latein hat sicher dann einen Sinn, wenn man aus verschiedenen Nationen kommt. Da kann die Sprache ein gemeinsames Band schaffen. Aber ich erlebe andererseits, dass die Menschen anderer Länder noch weniger Latein können. Insofern verbindet Englisch oft mehr als Latein. Nur bei Gesängen ist es sicher besser und sinnvoller, sie in Latein zu singen, vor allem, wenn es so kunstvolle Gesänge sind wie der gregorianische Choral oder eine Messe von Mozart oder Bruckner.

Während im kirchlichen Milieu die sechziger Jahre vor allem mit dem II. Vatikanum verbunden sind, kamen in den europäischen Gesellschaften verschiedene Linksbewegungen zu Wort. Wie wirkte zum Beispiel auf Sie die Erfahrung der Studentenrevolte von 1968?

■ Wie ich schon sagte, habe ich von 1967 bis 1971 in Rom studiert. Da bewegte ich mich vor allem im kirchlichen Milieu. Wir wohnten in St. Anselmo und hatten dort auch unsere Ordenshochschule. Mit den Studenten der staatlichen Universität kamen wir nicht in Berührung, und von der Studentenstimmung in Deutschland waren wir weit weg. Natürlich las ich von der Studentenrevolution in den Zeitungen. Als ich dann wieder in Deutschland war, merkte ich, dass sich die Studentenunruhen auch in unserem Konvent auswirkten. Wir waren damals etwa 30 junge Studenten, die meistens in Würzburg studierten. Einige waren im Studentenparlament und in der Studentenvertretung aktiv. Sie setzten sich für die Belange der Studenten ein, so dass viele Ideen auch in unser Klosterleben eindrangen. Wir waren mit vielen alten Traditionen nicht mehr einverstanden. Wir hatten das Gefühl, alte Zöpfe abschneiden zu müssen.

Es war damals auf der einen Seite eine große Unzufriedenheit, auf der anderen Seite aber auch ein ehrliches Ringen um ein authentisches Mönchtum und eine Theologie, die wirklich auf die Fragen der Menschen antwortet. Wir haben sehr viel miteinander diskutiert und Entwürfe für ein Ordensleben erarbeitet, wie wir es uns vorstellten. Es ist gut, dass nicht alle unsere Vorstellungen bei den älteren Mitbrüdern durchkamen. Aber bei aller Unruhe, die wir stifteten, ging von diesem ehrlichen Ringen doch auch viel Segen für unsere Gemeinschaft aus.

Zum Beispiel?

■ Wir haben in der Gruppendynamik und in der Zen-Meditation Wege für unser spirituelles Leben gesucht. Gruppendynamik ist eine Richtung der Psychologie, die die Dynamik einer Gruppe erforscht. Für uns junge Mönche war die

Kenntnis der Gruppendynamik wichtig, damit wir die Gruppenprozesse in unserer Gemeinschaft besser verstehen konnten. Und sie hat uns dazu befähigt, besser Gespräche zu führen. Unsere Ordensgemeinschaft musste erst lernen, miteinander zu sprechen oder auch zu streiten. Wenn ich etwas von Gruppendynamik verstehe, dann wundere ich mich nicht, dass Rivalitäten auftreten, wo Machtspiele gespielt werden.

Warum suchten Sie und Ihre Mitbrüder gerade in der Zen-Meditation neue Wege für ihr spirituelles Leben?
■ Als ich ins Noviziat kam, wurden wir vor allem in die Liturgie eingeführt und in die Methode der Betrachtung, wie sie Ignatius von Loyola und nach ihm die französische Schule von S. Sulpice entwickelt haben. Es war mehr eine diskursive Methode. Wir sollten über einen Bibeltext nachdenken und dann jeweils Vorsätze für den Tag formulieren. Das war sehr intellektuell. Das reine Schweigen in der Zen-Meditation hat uns begeistert. Im Studium waren wir ständig mit Verstandesarbeit beschäftigt. So tat es gut, in der Meditation nur zu schweigen und durch dieses Schweigen in den inneren Raum der Stille zu gelangen. Wir fanden dann durch die Zen-Meditation wieder Zugang zu den urchristlichen Formen der Meditation, wie sie im frühen Mönchtum üblich waren. Schon damals wurde meditiert, und zwar nicht durch Nachdenken, sondern durch das Achten auf den eigenen Atem und ein Wort, das man mit dem Atem verband.

Von diesem ehrlichen Suchen zehren wir noch heute. Denn all die Münsterschwarzacher Kleinschriften, die wir geschrieben haben, entstanden aus diesem Ringen, die Tradition des Mönchtums mit den heutigen psychologischen und soziologischen Einsichten oder Lebenserfahrungen zu verbinden.

Kann man sagen, dass es in den sechziger Jahren zu einer Veränderung in der Beziehung zwischen Kirche und Gesellschaft kam?

■ Durch die Studentenrevolution änderte sich wirklich das Verhältnis von Kirche und Gesellschaft. Der Staat verlor an Einfluss auf die Gesellschaft. Es entstand die sogenannte „Apo", die außerparlamentarische Opposition. Die Parteien und das Parlament waren nicht mehr der eigentliche Ort der Auseinandersetzung. Die Studenten und jungen Intellektuellen rissen die Meinungsbildung an sich. Es ist wahr, dass das Konzil dabei weniger eine Rolle spielte. Es hat jedoch bewirkt, dass Staat und Kirche mehr Abstand zueinander bekamen.

Andererseits herrschte in dieser Zeit in den Ländern Süd- und Osteuropas das kommunistische Regime, das die Kirche und jede unabhängige Bürgerinitiative verfolgte. Hatte Ihre Ordensgemeinschaft Mitbrüder hinter dem „Eisernen Vorhang"? Und waren Sie mit ihnen in Verbindung?
■ Unsere Gemeinschaft gehört zu den Missionsbenediktinern. Wir hatten also vor allem Kontakt nach Afrika, Südamerika und Korea. Unsere Mitbrüder, die vor dem Krieg in Nordkorea und in der Mandschurei (heutiges China) arbeiteten, wurden gefangen genommen. Einige wurden von den Kommunisten umgebracht. Die Gefangenen kehrten 1953 zurück und erzählten uns natürlich viel von der kommunistischen Diktatur in China und Nordkorea. Aber mit den Mitbrüdern in Polen und Tschechien hatten wir keinen Kontakt. Eine Ausnahme bildeten die Benediktiner von Pannonhalma in Ungarn. Sie haben wir über all die Jahre finanziell unterstützt. Die Kleinschriften haben wir immer auch ihnen geschickt, damit sie auch von unseren Gedanken profitieren.

Wie haben Sie überhaupt den Kommunismus wahrgenommen?
■ In der Schule und in meinen ersten Studienjahren war für mich der Kommunismus immer etwas Schlimmes. Ich hatte ein Feindbild mitbekommen, in dem die Kommunisten die Menschen unterdrücken und ausbeuten. Erst als die Paulusgesellschaft einen ernsthaften Dialog zwischen marxistischen Philosophen und christlichen Theologen initiierte,

habe ich begonnen, die kommunistischen Ideen differenzierter zu betrachten. Aber ich habe mich nie sehr intensiv damit auseinander gesetzt. Es war für mich kein Thema, das mich besonders interessierte.

Trotzdem müssen die Ereignisse um den Niedergang des Kommunismus in Osteuropa auch Sie irgendwie betroffen haben. Immerhin sind sie mit dem Fall der berüchtigten „Berliner Mauer" verbunden.

■ Ich habe die Ereignisse im Jahre 1989 sehr genau verfolgt. Im Herbst 1989 war ich noch in der DDR, um dort bei der evangelischen Kirche einen Kurs für Exerzitienleiter zu halten. Damals spürte man schon, dass einiges in Bewegung geraten war. Doch dass dann die Mauer so schnell zusammenbrechen würde, damit hatte ich nicht gerechnet. Es war für mich schon ein Wunder. Da die Mauer durch die Montagsdemonstrationen fiel, die von kirchlichen Gruppen ausgingen und ihren Ursprung in Friedensgebeten hatten, konnte man wirklich glauben, dass Gott da die Hände mit im Spiel hatte. Ähnlich ging es mir mit der „sanften Revolution" in Prag. Ich bin Gott zutiefst dankbar, dass er dieses Wunder gewirkt hat. Aber ich spüre auch, dass es in unserer Verantwortung liegt, wie wir mit dem Wunder umgehen.

Mit dem Sturz des Kommunismus ist auch der Name des jetzigen Papstes Johannes Paulus II. verbunden! Welche Erinnerungen verbinden Sie mit der Wahl von Karol Wojtyla zum Papst! Was dachten Sie damals darüber!

■ Die Wahl eines polnischen Kardinals war für mich ein Zeichen für die Modernität der Kirche. Sie hatte Mut, einmal einen Nicht-Italiener zu wählen. Und was man damals von Kardinal Wojtyla in der Zeitung lesen konnte, ließ auf eine neue Offenheit hoffen. Er hat ja dann auch sehr mutig mit einigen Traditionen gebrochen und viele wichtige Schritte auf dem Feld der Ökumene und des Dialogs zwischen den Religionen gemacht. Er hat viele Reisen unternommen und seine Enzykliken selbst geschrieben. Soweit ich weiß, haben sich die deutschen Bischöfe für die Wahl Kardinal Wojtylas zum Papst eingesetzt.

Wie schätzen Sie heute seine Ära? Was hat sein Pontifikat der Kirche in unserer Zeit an Wichtigem gebracht und wo sind, Ihrer Meinung nach, die Gründe der Spannungen zwischen Papst und einem Teil der deutschen Theologen und Bischöfe?

■ Papst Johannes Paul II. ist sicher eine sehr starke und faszinierende Persönlichkeit. Auch im Alter hat er noch eine ungeheure Energie. Sein großes Verdienst liegt sicher darin, dass die kommunistische Ideologie an Macht verlor. Es ist historisch nicht einfach, seine Beteiligung am Zusammenbruch der kommunistischen Macht zu beweisen. Aber ich denke, er hat daran doch einen wesentlichen Anteil. Alles, was der Papst zu wirtschaftlichen und sozialen Fragen sagt, ist nach wie vor höchst modern. Schwer tue ich mich mit manchen innerkirchlichen Entwicklungen. Dabei kann ich nicht beurteilen, inwieweit diese Entwicklungen und Reaktionen vom Papst selbst abhängen oder ob konservative Kräfte in Rom die häufige Abwesenheit des Papstes dazu nutzen, ihre Machtspiele zu inszenieren. Schade finde ich, dass die römische Theologie sich vor allem auf Fragen der Moral beschränkt. Dogmatisch ist nicht viel Neues zu hören. Doch in moralischen Fragen versteift man sich auf die Themen Sexualität und Zölibat. Da fällt man hinter die theologische Entwicklung der sechziger Jahre zurück.

Könnten Sie konkreter sein?

■ Auch mit Fragen wie dem Umgang mit wiederverheirateten Geschiedenen oder der Beratung von Frauen, die mit dem Thema der Abtreibung konfrontiert sind, scheint man in Rom mit wenig Feingefühl umzugehen. Die deutschen Bischöfe, die jahrelang um einen gangbaren Weg gerungen und es sich dabei nicht leicht gemacht haben, wurden dort wie Schulbuben behandelt. Das hat selbst viele konservative Bischöfe sehr verletzt. Die deutschen Theologen haben den Eindruck, dass man nicht mehr in Freiheit forschen kann, sondern dass anonyme Kräfte einen in Rom sofort anschwärzen, wenn man einmal eine Meinung äußert, die einem konservativen römischen Theologen nicht gefällt. So hat sich bei den deutschen Theologen ein tiefes Misstrauen gegenüber Rom eingestellt. Das ist für beide Seiten nicht besonders förderlich.

Vierzig Jahre lang waren Ost und West durch den „Eisernen Vorhang" getrennt. Wie können die geistlichen Erfahrungen, die die Kirchen im Osten und im Westen gewonnen haben, zur wahren Vereinigung von Europa beitragen?

■ Die Kirchen auf beiden Seiten des eisernen Vorhangs machten unterschiedliche Erfahrungen. Die Lage im Osten kenne ich zu wenig, um fundiert antworten zu können. Deshalb nenne ich nur drei persönliche Eindrücke. Die Kirche im ehemaligen Ostdeutschland befand sich in einem absoluten Ghetto, was unter anderem bedeutet, dass die kleine Ortsgemeinschaft in einer gewissen Sicherheit lebte. Nach den Veränderungen des Jahres 1989 kam es jedoch zu keinem neuen Aufschwung des Glaubens, und die weite Welt, die sich nun öffnete, verunsicherte plötzlich diese Gemeinschaft. In Polen dagegen war die Kirche stark und einflussreich, was jedoch dazu führte, dass sie in ihren Strukturen konservativ und autoritär blieb. Also muss sie sich jetzt ebenfalls den neuen Bedingungen einer offenen Gesellschaft anpassen. In Böhmen wurde die Kirche heftig verfolgt und unterdrückt. Diese Lage verlangte von den Christen großen Mut. Sie mussten ihren Glauben unter schwierigen Bedingungen erhalten, oft im Untergrund, was andererseits jedoch dazu führte, dass sie allmählich erkannten, was für eine echte Gemeinschaft mit Gott tragfähig ist und was nicht. Die gesellschaftlichen Veränderungen bedeuteten dann für die Kirche eine große Chance, den suchenden Menschen Raum zu bieten. Gerade bei ihren Studenten nahm ich die große Sehnsucht nach Spiritualität und nach geistlichen Werten wahr.

Für die Begegnung zwischen Ost und West ist es meiner Ansicht nach wichtig, dass die Kirche im Westen ein aufmerksames Ohr hat für das, was ihr die Kirche im Osten zu sagen hat, und für die Glaubenserfahrungen, die sie ihr bieten kann. Sie muss sich bemühen, mit ihr zu sprechen, einen gemeinsamen Dialog zu pflegen und für Glaubensfragen eine Sprache zu finden, die auch Menschen, die mit dem Christentum nie in Berührung kamen, verstehen. Dieser Appell ist sowohl für den Westen als auch für den Osten wichtig.

Mit welchen Gefahren oder Versuchungen musste sich die Kirche im Westen in der Zeit des „Eisernen Vorhangs" auseinander setzen?

■ Im Westen war die Kirche durch die fortschreitende Säkularisierung und durch den Rückgang der Zahl ihrer Gläubigen gefährdet. Die äußeren Verhältnisse waren dagegen für die Weiterentwicklung der Kirche günstig. Gerade in Deutschland hatte die Kirche viel Geld und gesellschaftlichen Einfluss und konnte deshalb bedeutende Projekte verwirklichen. Sie setzte viele Hilfsaktionen für die Kirchen in den Ländern der so genannten dritten Welt in Gang. Zu Hause gelang es ihr wiederum, eine Reihe von Bildungseinrichtungen zu gründen. Außerdem beteiligte sich die Kirche an etlichen sozialen Projekten, die viel Gutes leisteten. Allgemein kann man sagen, dass sämtliche Erfahrungen eines wahrlich erlebten Glaubens für die gesamte Menschheit wichtig sind. Die heutige Kirche hat also die dringende Aufgabe, die Zeichen der Zeit zu erkennen und eine im Glauben fest verankerte Antwort auf sie zu geben.

Könnten Sie ein konkretes Beispiel nennen?

■ Sicher. Im heutigen Europa sollten vor allem die Kirchen zur Verständigung und Versöhnung beitragen. Die deutschen und polnischen Bischöfe z. B. trugen mit ihrer gemeinsamen Erklärung zum Prozess der Versöhnung zwischen West und Ost bei. Die Kirche sollte im europäischen Vereinigungsprozess nicht allzu sehr der organisatorischen Gleichheit dienen, sondern den Vereinigungsprozess eher durch geistliche Aktivitäten unterstützen: durch ihren Anteil an dem Prozess der Versöhnung, an der Erhöhung des gegenseitigen Respekts zwischen den einzelnen Völkern und der Würdigung ihrer

Verschiedenartigkeit und der bestehenden geistlichen und kulturellen Traditionen. Hier könnten die Kirchen zum Sauerteig der Einheit und des Friedens werden.

Dazu gehört auch die Versöhnung mit der eigenen Vergangenheit. Wie hat man sich in Deutschland mit der kommunistischen Vergangenheit des Volkes aus der ehemaligen DDR und mit ihrem Erbe im Denken der Menschen auseinander gesetzt?

■ Im Westen konnte man in den sechziger Jahren in der Studentenbewegung eine Begeisterung für den Sozialismus beobachten. Der Zusammenbruch des Kommunismus hat diese Begeisterung ganz erlöschen lassen. Viele sozialistische Ideen gehören der Vergangenheit an. Im Osten Deutschlands ist dagegen eine Nostalgie für die kommunistische Vergangenheit zu erkennen. Viele sehnen sich nach den guten alten Zeiten zurück, in denen für sie gesorgt wurde. Sie haben jedoch vergessen, um welchen Preis das geschah. Ich habe den Eindruck, dass zwischen Nostalgie und Verdrängen der sozialistischen Ideen noch kein dritter Weg gefunden wurde, sich in positiver Weise mit den kommunistischen Idealen und mit ihrer Pervertierung durch ein autoritäres System auseinander zu setzen.

Und dann gibt es noch ein zweites Problem. In Deutschland sind in den Köpfen der Menschen, der „Wessis" und „Ossis", immer noch Mauern. Man versteht den anderen nicht. Man ist neidisch aufeinander. Es braucht also noch lange Zeit, bis die inneren Barrieren fallen und man wirklich vorurteilsfrei aufeinander zugehen kann.

Das deutsche Volk musste sich in diesem Jahrhundert schon einmal mit seiner Vergangenheit intensiv befassen. Die Problematik der Schuld und der Verantwortung für die Verbrechen des Nationalsozialismus behandelte auch der Heidelberger Philosoph Karl Jaspers in seinem Buch „Die Schuldfrage", das kurz nach dem Krieg erschien. Erinnern Sie sich daran, wann Sie dieses Problem zum ersten Mal wahrgenommen haben?

■ Die Auseinandersetzung mit der Nazivergangenheit begann sofort nach dem Krieg. Aber zugleich setzte auch ein Verdrängungsprozess ein. Man widmete sich lieber dem materiellen Wiederaufbau der Bundesrepublik, als sich der Schuld an der Vergangenheit zu stellen. In den sechziger Jahren erschien dann in Deutschland das Buch *Die Unfähigkeit zu trauern*. Der ganzen Gesellschaft wurde hier vorgeworfen, dass sie keine Reue über die Schrecken des Dritten Reiches zeigt. Diese Unfähigkeit zu trauern führte zu einer Verhärtung der ganzen Gesellschaft, die sich nicht von ihrer dunklen Vergangenheit verabschieden konnte. Ich selbst habe den Krieg nicht erlebt, mein Vater war in der Widerstandsbewegung aktiv, aber trotzdem empfinde ich als Deutscher die Schuld, die wir als Volk auf uns geladen haben, und habe das Bedürfnis, mein tiefes Bedauern darüber, was geschehen ist, auszudrücken.

Ich selbst spürte das Problem der Auseinandersetzung mit der deutschen Vergangenheit als Gymnasiast im Alter von 15 oder 16 Jahren. Gerade damals wurde dieses Thema wieder aufgegriffen und erschien immer wieder nicht nur in den Medien, sondern auch im Deutschunterricht und in der Religionsstunde. Wir haben mit Begeisterung Borcherts *Draußen vor der Tür* gelesen oder die Bücher von Heinrich Böll, der sich ja auch sehr kritisch zu der katholischen Verdrängung der Nazivergangenheit geäußert hat.

Vor ein paar Jahren wurde in Deutschland David Goldhagens Buch „Hitlers willige Vollstrecker" veröffentlicht, das sich mit den Wurzeln des Antisemitismus in der deutschen Gesellschaft befasst. Wo liegen Ihrer Meinung nach die Wurzeln des Nationalsozialismus und seiner Aufnahme in breiten Schichten der deutschen Bevölkerung in den dreißiger Jahren?
■ Der Nationalsozialismus Adolf Hitlers hat sicher viele Gründe. Zum einen war da sicher die Demütigung des deutschen Volks durch den Versailler Vertrag nach dem verlorenen Ersten Weltkrieg. Zum andern gab es die Bewegungen „Zurück zur Natur", z. B. die so genannte Wandervogelbewegung und die Glorifizierung von Blut und Boden. In das

Gefühl von Minderwertigkeit hat Hitler – der seine Ideen auch aus einem Minderwertigkeitskomplex heraus entwickelt hat – seine Botschaft von der deutschen Herrenrasse hineingepredigt. Und er ist vor allem bei Menschen, die keine gesunde Mitte hatten, damit angekommen. Für mich ist es natürlich erschreckend, dass gerade auch intellektuelle Menschen auf diese primitive Lehre hereingefallen sind. Und ich kann es immer noch nicht fassen, wie schnell sich der Nationalsozialismus ein Terrorsystem schaffen konnte, das das ganze Volk im Griff hatte.

Der Antisemitismus war immer schon latent vorhanden. Die erfolgreichen Juden mussten als Sündenbock für alle herhalten, die an ihrer Unfähigkeit litten ihr Leben selbst zu gestalten. Der Neid spielte hier natürlich eine wichtige Rolle. Ein ganzes Volk hat sich damals geweigert, die eigenen dunklen Seiten in seiner Geschichte und in seiner Seele wahrzunehmen. Stattdessen hat es sich bereitwillig einen Sündenbock geschaffen und seine Schuld auf ihn geladen.

Der Sohn von Martin Bormann, der Priester wurde, hat einmal gesagt, manche Leute um Hitler hätten keine gesunde Beziehung zu ihrem Vater gehabt. Deshalb wollten sie dieses Handicap durch ihre Loyalität zum Führer überwinden. Denken Sie, dass solche Gefühle wirklich so Schreckliches bewirken können?

■ Es ist für einen Menschen außerordentlich wichtig, gesund aufzuwachsen, um tatsächlich erwachsen zu werden. Dabei erleidet er natürlich Schläge von Seiten des Vaters und der Mutter. Es gibt ein psychologisches Gesetz: Will man seine Kindheitsverletzungen nicht sehen und sich mit ihnen nicht auseinander setzen, ist man dazu verurteilt, andere oder sich selbst zu verletzen und gegebenenfalls solche Situationen zu schaffen, in denen sich die Verletzungen aus der Kindheit wiederholen. Ich kann mir gut vorstellen, dass Hitler gerade solche Menschen angesprochen hat, die durch ihre Eltern irgendwie verletzt worden waren. Wer von seinem Vater verletzt wurde, ist immer misstrauisch, hat Probleme mit Autoritäten und wird paradoxerweise auch autoritär. Hitler selbst hatte bekanntlich einen Tyrannen zum Vater. Alice Miller hat ja in ihrem Buch *Am Anfang war Erziehung* beschrieben, dass der Vater Hitlers unehelich geboren wurde. Und man vermutete, dass sein Großvater ein Grazer Jude war. Diese Schmach der unehelichen Geburt hat der Vater Hitlers nach außen hin durch Korrektheit zu tilgen versucht, allerdings um den Preis, dass er zum unberechenbaren Tyrannen wurde. Hitler hat letztlich in seiner Politik seinen eigenen Vaterhass ausagiert. Statt sich ihm zu stellen und ihn aufzuarbeiten, lebte er ihn aus. Miller meint, er hätte die ganze Welt in Schutt und Asche legen können und wäre doch nie seinen Vaterhass losgeworden, weil er es nicht wagte, ihm wirklich ins Auge zu sehen und sich mit seinem Vater zu versöhnen. Hitler hat die ganze Welt verletzt und ist von seiner eigenen Verletzung doch nicht frei geworden. Sein Vaterhass muss gerade solche Männer angezogen haben, die die gleichen Probleme mit ihren Vätern hatten.

Haben Sie persönliche Erfahrungen mit Menschen, die im Nationalsozialismus oder im Krieg aktiv waren und davon gezeichnet waren?

■ Viele der Menschen, die ich geistlich betreue, sind Leute um die Sechzig. Nicht alle haben den Krieg erlebt, doch sie empfinden stark seine Folgen. Etliche von ihnen verloren im Krieg ihren Vater, andere mussten fliehen, und wiederum andere mussten sich mit der Tatsache auseinander setzen, dass ihr Vater ein Nazi war. Es ist äußerst schwer, sich mit einer solchen Vergangenheit abzufinden. Im Beichtstuhl begegnete ich Männern, die selbst im Krieg kämpften. Doch ich hörte oft die Worte: „Ich bin sehr schlecht, ich bin böse." Erst im Alter wurde diesen Menschen bewusst, welche Schuld und Verantwortung sie auf sich genommen hatten. Ein Teil von ihnen verfällt in Depressionen und hält sich selbst für schlecht, andere sind wiederum verbissen, lehnen jede Schuld ab und werden leicht zu Rechtsextremisten, die ihre Schuld auf andere wälzen.

III. Ich mache nie Überstunden

Vom Ordensleben

*Was haben Sie eigentlich nach Beendigung des Studiums ge-
macht? Sind Sie gleich ins Kloster gegangen?*

■ Ich habe 1971 mit dem Lizentiat in Theologie abgeschlossen und anschließend in Würzburg meine Promotion geschrieben. Außerdem habe ich mich nach meinem Studium
in der Jugendarbeit engagiert: Fast ein halbes Jahr war ich Erzieher in unserem Internat für Schüler und ein halbes Jahr
Rektor des Lehrlingsseminars. Die Promotion habe ich im
März 1974 mit der Verteidigung meiner Doktorthese in Rom
abgeschlossen. Danach hat mich der damalige Abt gebeten,
Betriebswirtschaft zu studieren und das Amt des Cellerars
(des wirtschaftlichen Verwalters) zu übernehmen. Das war
für mich zunächst ein Schock, denn ich wollte lieber in der
Theologie oder in der außerordentlichen Seelsorge bleiben.
Neben dem Studium habe ich aber immer wieder Vorträge
und Meditationsabende gehalten. Ich habe nur zwei Jahre Betriebswirtschaft studiert. Dann habe ich ab 1976 in der Klosterverwaltung gearbeitet und ab 1977 die Verwaltung als Leiter übernommen. Mein erstes Projekt als Cellerar war es, ein
neues Gästehaus zu bauen. Dieses wurde 1981 fertig. Ab da
habe ich dann im Gästehaus sehr viele Kurse gehalten zu Themen, die dann auch in die Kleinschriften einflossen.

Neben den Pflichten in der Klosterverwaltung widmete
ich mich weiterhin der Arbeit mit der Jugend. In unserem
Dekanat habe ich fast jedes Wochenende einen Kurs gehalten, entweder für junge Menschen oder für andere Gruppen.
Seit 1974 habe ich diese Jugendkurse, die mit der Zeit immer
mehr Jugendliche anzogen, auch bei uns in der Abtei angeboten. Ab 1978 habe ich diese Jugendkurse in größerem Stil angeboten, an Ostern und Pfingsten, in den großen Ferien und

über Silvester. Die Kurse haben sich sehr schnell über die kleinen Anfänge mit 30 Teilnehmern hinausentwickelt. Über Ostern und Silvester kamen damals über 250 junge Menschen zu uns. Mit einigen jungen Mitbrüdern und auswärtigen Kursleitern und Kursleiterinnen habe ich diese Kurse sehr gerne geleitet. Außerdem war ich von Anfang an bei der Choralschola dabei.

Manche sind vielleicht überrascht, dass jemand, der die jungen Leute versteht und Bücher über geistliche Themen schreibt, im Kloster als Finanzverwalter dient. Wie gelingt es Ihnen, diese zwei Ebenen miteinander zu vereinbaren?

■ Ich habe mir diesen Posten nicht selbst ausgesucht. Im Gegenteil, es stürzte mich in eine tiefe Krise, dass mich der Abt bat, diese Aufgabe zu übernehmen. Aber heute kann ich mit ganzem Herzen „Ja" dazu sagen. Mit der Zeit habe ich erkannt, dass mich diese Aufgabe erdet: Sie zwingt mich alles, was ich schreibe und in meinen Vorträgen sage, auf die Realität hin zu überprüfen. Kann ich das, was ich sage, in der nüchternen Realität des Alltags verwirklichen?

Außerdem sehe ich auch die Aufgabe des Ökonomen (oder Cellerars, wie die Benediktiner sagen) als spirituelle Aufgabe an. Es ist wichtig, dass ich ein menschliches Klima erzeuge und die Menschen in der Arbeit ernst nehme, damit sie Freude an ihrer Arbeit haben. Außerdem reizt mich der spirituelle Umgang mit Geld. Geld soll ja dem Menschen dienen. Wer kreativ mit Geld umgeht, der ermöglicht Projekte, die im Menschen Leben erwecken. Bei uns im Kloster dient der spirituelle Umgang mit Geld zum Beispiel dazu, unsere Missionsarbeit zu unterstützen und die Schule, die von 750 Schülern und Schülerinnen besucht wird, finanziell mitzutragen.

Was das Geld angeht, treffen wir in der Kirche auf zwei extreme Positionen, auf Verschwendung einerseits – Geld wird als etwas Vergängliches betrachtet – und unangemessenes Sparen andererseits. Während für die Wiederherstellung der sakralen Gebäude große Beträge ausgegeben werden, spart man an den Löhnen der Religionslehrer, der Pfarrangestellten oder der pastoralen Mitarbeiter.

■ Die Kirche muss einen spirituellen Umgang mit Geld noch lernen. Spirituell mit Geld umgehen heißt für mich auch, kreativ und phantasievoll damit umzugehen. Aber entscheidend ist immer die innere Freiheit dem Geld gegenüber und das Ziel, das man mit dem Geld anstrebt. Wie ich schon sagte, soll Geld dem Menschen dienen. Es ist zum Beispiel natürlich, dass man in die Renovierung der sakralen Objekte investiert und dabei darauf achtet, dass nicht schlampig gebaut wird. Und das ist teurer als ein solider Neubau. Aber es geht immer um das rechte Maß. Unsere Augen müssen offen bleiben für die Bedürfnisse der anderen. Auch ein Bauwerk soll vor allem den Menschen dienen und nicht dem eigenen Prestigedenken.

Ihre Funktionen lassen darauf schließen, dass Sie zweifellos eine organisatorische Begabung haben. Handeln Sie nach taktischen Prinzipien oder gehen Sie eher geradlinig vor?

■ Meine Stärke liegt nicht darin, Konflikte konsequent zu lösen. Für mich ist es wichtig, dass ich einen Konsens herstelle. Wenn bei Bausitzungen Meinungsverschiedenheiten herrschen und es hoch hergeht, versuche ich immer alle Parteien zu Wort kommen zu lassen. Jeder soll erklären, was er meint. Und dann frage ich, wie man es am besten machen kann. Erst wenn sich die Parteien nicht einigen können, entscheide ich selbst. Dieser Führungsstil nimmt bei manchen Entscheidungen mehr Zeit in Anspruch. Aber wenn alle mitziehen, bringt er weniger Reibungsverluste.

Sie sind auch als Verlagsdirektor tätig.

■ Als Verlagsdirektor habe ich nur nebenbei gewirkt. Wir hatten zum Glück einen Geschäftsführer, der die meiste Arbeit machte. Ich war nur inhaltlich mit dem Programm beschäftigt und habe manche Korrekturen gelesen. Seit drei Jahren hat nun ein junger Mitbruder die Leitung des Verlages übernommen, so dass ich im Verlag keine Funktion mehr habe. Ich bin nur noch Autor, der natürlich vor allem für den eigenen Verlag schreibt, aber auch für den Verlag Herder und den Kreuz-Verlag oder für den Karmeliterverlag in Prag.

Könnten Sie kurz Ihren Alltag im Kloster beschreiben?
■ Da fange ich am besten mit der Tagesordnung an. Wir stehen um 4.40 Uhr auf. Um 5.05 Uhr sind Vigil und Laudes, um 5.45 Uhr Zeit für Meditation und um 6.15 Uhr die Eucharistiefeier. Um 7.00 Uhr frühstücken wir. Von 7.40 Uhr bis 11.45 Uhr ist Arbeitszeit und um 12.00 Uhr beten wir die Mittagshore. Um 12.20 Uhr essen wir zu Mittag und haben anschließend Zeit zur Erholung. Zwischen 13.30 Uhr und 17.00 Uhr ist erneut Arbeitszeit, um 18.00 Uhr die Vesper, um 18.40 Uhr Abendessen und Rekreation und um 19.35 Uhr schließlich die Komplet.

Was mich persönlich betrifft, so lese ich vor der Arbeit von 7.10 Uhr bis 8.00 Uhr und gehe erst um 8.00 Uhr ins Büro. Vormittags bin ich dann in der Verwaltung, erledige die Post, halte Gesprächsrunden, verhandle mit Banken und Behörden und bin für die Mitbrüder und Mitarbeiter ansprechbar. Nachmittags arbeite ich dann im Recollectiohaus. Dort begleite ich Priester und Ordensleute. Manchmal kommen noch Gespräche im Gästehaus dazu. Ein oder zweimal in der Woche halte ich abends einen Vortrag. Dann komme ich erst nachts wieder zurück. Am Wochenende gebe ich meistens Kurse, entweder hier im Gästehaus oder in unseren anderen Bildungshäusern.

Wie viele Ordensbrüder leben in Ihrem Kloster, wie viele Zivilangestellte arbeiten dort und in welchen Bereichen sind sie tätig?
■ Im Kloster Münsterschwarzach leben etwa 100 Mönche, aber die Ordensgemeinschaft hat insgesamt 185 Mönche. Davon arbeiten etwa 50 in der Mission, also in Tansania, Kenia, Südafrika, auf den Philippinen und in Korea. Außerdem haben wir in Würzburg noch ein Kolleg und in Damme ein Bildungshaus, in dem einige Mönche leben und arbeiten.

Das Kloster hat etwa 280 Angestellte. Sie arbeiten vor allem in der Schule, im Gästehaus, in der Küche, in der Druckerei, im Verlag, in der Buchhandlung, der Goldschmiede, der Landwirtschaft und der Gärtnerei sowie in den anderen Werkstätten wie Tüchnerei, Schreinerei, Schlosserei, Kfz-Werkstatt, Spenglerei, Elektrowerkstatt usw. Wir haben etwa zwanzig davon. Alle Arbeiter werden nach ihren Tarifen bezahlt. So ist die Abtei am Ort der größte Arbeitgeber und sichert vielen Menschen einen guten Arbeitsplatz. Das ist eine soziale Verantwortung, die wir für die Bevölkerung wahrnehmen. Es ist also viel Leben auf dem Klostergelände.

Manchmal kann die umfangreiche Tätigkeit auf Kosten der Verinnerlichung gehen. Glauben Sie, dass es Ihnen im Kloster gelingt den Leitspruch des heiligen Benedikt „Ora et labora" zu erfüllen? Wie erkennen Sie das richtige Gleichgewicht zwischen Arbeit und dem geistlichen Leben?

■ Ich werde hier für mich selbst sprechen. Für das gesunde Gleichgewicht zwischen Arbeit und geistlichem Leben ist es ganz wichtig, dass ich die Arbeit immer wieder unterbreche, um ins Chorgebet zu gehen. Die ersten drei Stunden des Tages sind Stunden des Schweigens und des Gebets. Da komme ich mit der inneren Quelle in Berührung, aus der dann die Arbeit fließen soll. Wichtig ist mir auch, dass ich die Arbeit loslasse, wenn ich in meine Klosterzelle komme. In die Zelle nehme ich nie Arbeit aus dem Büro mit. Und im Büro mache ich nie Überstunden. Wenn ich die Arbeit nicht mehr schaffe, muss ich sie anders organisieren.

Entscheidend ist für mich, dass auch die Arbeit ein spiritueller Vorgang ist. Da wird schließlich sichtbar, ob ich an das Gute im Menschen glaube, ob ich den Einzelnen achte, ob ich aus der inneren Glaubensquelle lebe oder nur aus eigener Kraft, ob ich mit meiner Arbeit Gott und den Menschen diene oder mich nur hinter ihr verstecke.

Bleibt Ihnen auch Zeit für Hobbys? Haben Sie welche?

■ Viel Zeit für Hobbys habe ich nicht. Ich lese gerne und höre gerne Musik. Das gönne ich mir vor allem am Sonntagnachmittag, den ich immer für mich reserviere. Gerne wandere ich auch. Im Urlaub nehme ich mir immer Zeit zum Wandern und Lesen. Das sind meine liebsten Beschäftigungen. Wenn ich mehr freie Zeit hätte, würde ich gerne in ein Konzert oder in ein Theater gehen.

Welche Musik hören Sie gern?
■ Meine Geschwister haben mir einen CD-Player geschenkt. Da höre ich oft Bach-Kantaten je nach der Zeit des Kirchenjahres. Auch Mozart und Haydn höre ich gerne. Und wenn ich eine Kantate höre, tauche ich ganz in die Musik ein, ohne nebenbei etwas zu tun. Bei leichter Arbeit kann ich gut Barockmusik hören, aber wenn ich konzentriert arbeite, muss ich es schweigend tun.

Sie haben früher gerne Fußball gespielt ...
■ Und zwar ganz gut. Meine drei Brüder haben sogar in Vereinen gespielt. So weit habe ich es nie gebracht.

Sind Sie Fan eines Fußballklubs?
■ Von früher Jugend an war mein Lieblingsklub der TSV 1860 München. Dort sind wir mit dem Fahrrad hingefahren und haben den Spielern zugeschaut. Aber heute habe ich dazu mehr Distanz. Die Fußballklubs sind immer abhängiger vom Geld. Da fehlt es an Kameradschaft und Gemeinschaftssinn. Ich muss aber gestehen, es juckt mich in den Beinen, wenn ich die Jugendlichen auf unseren Sportplätzen Fußball spielen sehe. Allerdings schaue ich mir Fußball nicht mehr im Fernsehen an. Dafür ist mir die Zeit zu schade. Aber nicht nur was Fußball angeht: Obwohl wir im Kloster einen Fernseher haben, sehe ich nie fern.

Aber zurück zu Ihren Ordensregeln. Wodurch unterscheidet sich das heutige Ordensleben vom früheren?

■ Als ich 1964 eintrat, war die Gemeinschaft noch sehr autoritär strukturiert. Fast alles war geregelt. Heute ist die Gemeinschaft viel demokratischer. Wir haben unsere große Ordensgemeinschaft in acht Dekanien eingeteilt, in denen ein persönlicher Austausch möglich ist. Die Entscheidungen werden aber vom ganzen Konvent getroffen. Es wird mehr miteinander gesprochen. Und wir überlegen immer wieder, wie wir auf die Anforderungen unserer Zeit eine Antwort geben können, die unserem Glauben und dem benediktinischen Charisma entspricht. Es ist uns jedoch wichtig, uns nicht einfach dem Zeittrend anzupassen, sondern ehrlich um unsere benediktinische Identität zu ringen. Denn nur wenn wir wahrhaft Mönche sind, werden junge Menschen zu uns kommen. Und nur dann hat unser Leben einen Sinn.

Der Wahlspruch unseres Abtes Fidelis Ruppert lautet: „Omnes vos fratres" – Ihr alle seid Brüder. Ihm ist es wichtig, dass wir unser geistliches Leben miteinander teilen, aber auch die Entscheidungen für die Zukunft gemeinsam treffen. Und es ist ihm ebenfalls wichtig, dass jeder die Ausbildung erhält, die ihm gut tut, seiner Natur entspricht und nicht nur seine Vorstellungen befriedigt, sondern auch seine Fähigkeiten fördert. Zwar haben wir sehr viele Aktivitäten außerhalb des Klosters. Eine Gemeinschaft bleibt jedoch nur dann lebendig, wenn sie auch für sich selbst sorgt.

Was fehlt, Ihrer Ansicht nach, dem heutigen Ordensleben am meisten? Warum gibt es in vielen Ordensgemeinschaften immer weniger Berufungen?
■ Vielen Ordensgemeinschaften fehlen die Klarheit und die spirituelle Kraft. Manche haben sich nur angepasst, andere halten am Alten fest, ohne es mit spiritueller Lebendigkeit und Tiefe zu füllen. Den Ordensgemeinschaften fehlen die Berufungen, weil sie sich den jungen Menschen gegenüber nicht verständlich machen können und die Jugend mit ihrer Spiritualität und ihren Arbeiten nicht überzeugen.

Haben Sie im Orden auch traumatische oder schmerzliche Phasen erlebt? Wenn ja, worum ging es?

■ Eine sehr schmerzliche Zeit waren für mich die siebziger Jahre. Da herrschte im Konvent Krisenstimmung, und viele Mitbrüder traten aus dem Orden aus. Manchmal habe ich mich gefragt: „Wenn der und der auch noch austritt, was hält dich dann noch hier?" Doch ab etwa 1978 gab es eine Wende. Da haben wir als Ordensgemeinschaft mehr Mut gefunden, zu unserer eigenen Identität zu stehen.

Auf welche Weise?

■ Vor allem haben wir mit dem Studium der Quellen des Mönchtums angefangen, was uns ermutigt hat, unseren benediktinischen Weg konsequent weiterzugehen. Natürlich gibt es in der Gemeinschaft immer wieder Rückschläge – wir sind keine heile Welt. Und manchmal leide ich an der Kleinkariertheit mancher Mitbrüder.

Wie meinen Sie das konkret?

■ Kleinkarierte Menschen können den anderen nichts gönnen und übertragen ihre eigenen Maßstäbe auf andere. Weil sie voller Misstrauen sind, möchten sie alle anderen kontrollieren. Es tut mir leid zu sehen, wenn Mitbrüder etwa neue Ideen von vorneherein ablehnen oder z. B. genau verfolgen, wie viel Geld ihre Ordensbrüder ausgeben.

Werden Sie nie von Kleinmut oder Glaubenszweifel heimgesucht?

■ Es kommen mir Zweifel, ob meine Spiritualität mit der des Ordens übereinstimmt und ob das, was ich über Gott denke und sage, nicht nur meine persönlichen Projektionen sind. Wenn ich jedoch diese Zweifel zu Ende denke, durchflutet mich die innere Sicherheit, dass ich der Bibel und der geistlichen Tradition trauen darf. Meine Zweifel hindern mich daran, alles besser zu wissen und fordern mich auf, immer aufs Neue zu fragen: Wer ist Gott? Was bedeutet in Wirklichkeit die Auferstehung? Auch der Kleinmut ist mir nicht fremd. Obwohl ich mir meistens selbst vertraue, erlebe ich Phasen, in denen ich Angst habe, ob ich mir selbst nicht zu viel aufgebürdet habe. Dann versuche ich aber nicht gegen den Kleinmut anzukämpfen, sondern ergreife ihn als Herausforderung über meine eigenen Maßstäbe nachzudenken, von meinen Erwartungen abzulassen und mich gänzlich in die Arme Gottes zu werfen.

In Ihrem Kloster gibt es auch eine Einrichtung für Priester und Ordensbrüder, die sich in einer psychischen Krise befinden. Welche Ursachen hat diese Krise?
■ Sie sprechen vom so genannten Recollectiohaus, das wir seit 1991 haben. Es ist ein Haus für Priester und Ordensleute – Männer und Frauen –, die in eine Krise geraten und ausgebrannt sind oder die einfach etwas für sich selbst tun möchten. Manche kommen, bevor sie eine neue Aufgabe übernehmen, um sich dafür zu rüsten. Andere haben das Gefühl, dass sie vor lauter Arbeit ihr geistliches Leben vernachlässigt haben. Andere sind in einen Konflikt geraten, der sie sehr verletzt hat. Diese Verletzungen möchten sie anschauen und ihren eigenen Anteil dabei erkennen. Sie bleiben drei Monate bei uns – wir haben Platz für 18 solcher Gäste. Die Kurse sind immer voll, und manche müssen auf die Warteliste.

Eine solche geistliche Begleitung und Enthüllung innerer Verletzungen ist, auch fachlich gesehen, eine anspruchsvolle Aufgabe. Schaffen Sie alles allein?
■ Nein. Jeder Gast hat in der Woche eine therapeutische und eine geistliche Begleitung. Zusammen mit zwei Mitbrüdern und einer Schwester mache ich nur die geistliche Begleitung. Dr. Wunibald Müller, seine Frau und Dr. Ruthard Ott sind die therapeutischen Begleiter. Es ist uns wichtig, dass die spirituelle und therapeutische Ebene miteinander verbunden werden. Die Therapie hilft sich von falschen Lebensmustern zu befreien, die auch das geistliche Leben prägen. Die Spiritualität hilft die Verletzungen als Chance zu sehen, Gott zu begegnen und sich auf neue Weise für die Menschen zu öffnen.

Zum Programm des Recollectiohauses gehören die wöchentlich stattfindende therapeutische Gruppe, eine kreative Gruppe, eine Gruppe für den Alltag und eine spirituelle Gruppe. Die Gäste arbeiten miteinander im Haus- und Küchendienst und drei Mal in der Woche für zwei Stunden in den Werkstätten der Abtei.

Wir haben in diesen zwölf Jahren sehr gute Erfahrungen mit den Gästen gemacht. Sie kehren gestärkt und mit neuer Freude an ihrem Priester- oder Ordensberuf wieder zurück. Einige verlassen zwar auch das Priesteramt oder den Orden, doch sie gehen immer in innerem Frieden. Viele Bischöfe sind dankbar, dass sie ihre Priester zu uns schicken können, wenn diese nicht mehr weiter können und Hilfe brauchen. Wir arbeiten mit sieben Trägerdiözesen zusammen. In jedem Jahr trifft sich das Team aus unserem Recollectiohaus mit den Personalreferenten dieser sieben Trägerdiözesen.

Welche sind die häufigsten Schwierigkeiten dieser Priester und Ordensleute, woher rühren sie, und welche Wege zur Genesung gibt es?

■ Das Problem der Priester und Ordensleute besteht vor allem darin, dass sie innerlich ausgebrannt sind und sich über ihr geistliches Leben und ihre Arbeit nicht mehr freuen können. Sie haben ihren Glauben verloren und brauchen eine neue Orientierung.

Es gibt hier natürlich auch andere Probleme, wie z. B. depressive Stimmungen, Zweifel, ob man den richtigen Beruf gewählt hat, Schwierigkeiten, die die Einsamkeit oder die eigene Sexualität mit sich bringen. Oft entstehen auch Schwierigkeiten, wenn die Erwartungen zu groß sind oder eine „Spiritualität von oben" im Spiel ist, deren überhöhte Ideale sie nicht erfüllen können. Ein weiterer Grund sind strukturelle Probleme. Viele Priester müssen etwa fünf Pfarrgemeinden gleichzeitig betreuen, und das macht sie innerlich kaputt. Auch die gesellschaftliche Isolierung vermehrt bei vielen Priestern das Gefühl von Einsamkeit.

Der Weg zur Genesung beginnt damit, dass die Betroffenen

in der Lage sind alles mit Abstand zu betrachten, ohne dabei gleich zu urteilen. Sie müssen erst mit sich selbst und mit ihrer eigenen Lebensgeschichte abrechnen. Dann kommt der zweite Schritt, wo es darum geht eine neue Strategie zu finden, seine eigenen Fähigkeiten einzusetzen, und auf Probleme zu reagieren, die in der eigenen Seele oder bei der Arbeit in der Gemeinschaft auftreten. Der dritte Schritt besteht darin, das heilende und befreiende Bild Gottes zu finden und zu entwickeln. Unser Gottesbild hängt schließlich mit unserem Bild von uns selbst zusammen. Zu alldem braucht man jedoch eine neue Spiritualität, um authentisch und gesund zu leben.

Bleiben wir noch einen Augenblick beim Recollectiohaus und den Exerzitien, denen Sie sich auch widmen. Welche Bedeutung haben diese Exerzitien Ihrer Meinung nach im geistlichen Leben?

■ Für mich sind Einzelexerzitien ein wichtiger Weg für das geistliche Leben. Mich eine Woche lang schweigend auf das Wort Gottes und das Gebet einzulassen, bringt mich in Berührung mit Gott und mit meiner persönlichen Berufung. Exerzitien konkretisieren diese Berufung immer wieder aufs Neue, je nach dem Lebensabschnitt und der inneren Situation des Einzelnen. Früher habe ich daher immer auch einen Kurs für Einzelexerzitien gegeben. Jetzt kann ich dies aus zeitlichen Gründen nicht mehr. Für mich selbst mache ich aber jedes Jahr Einzelexerzitien und jedes zweite Jahr lasse ich mich dabei begleiten.

In welchem Bereich sehen Sie die größte Wirkung der Benediktinerspiritualität für Ihre geistliche Entwicklung?

■ Für meine eigene geistliche Entwicklung war die Begegnung mit dem frühen Mönchtum sehr wichtig. Ich habe dieses jedoch durch die Brille der Psychologie betrachtet und dadurch die Weisheit dieser Männer und Frauen erkannt, die vielen rein historisch denkenden Forschern verborgen bleibt. Die Beschäftigung mit den Schriften der Mönchsväter hat mir Mut gemacht, mich den eigenen Schattenseiten zu stellen. Sie hat mich auch dazu eingeladen, die psychologische und spirituelle Seite des Glaubens miteinander zu verbinden. Und sie hat mich herausgefordert, mit allen Fasern meines Leibes und meiner Seele nach Gott zu suchen. Die Suche nach Gott wurde für mich zum zentralen Inhalt meines geistlichen Lebens. Ich will nicht stehen bleiben, sondern auf dem Weg bleiben und, wie es der heilige Benedikt von seinen Mönchen fordert, wahrhaft Gott suchen.

Was bedeutet für Sie diese „Suche nach Gott"?
■ Zum Beispiel, dass ich die Gottesbilder, die ich mir geschaffen habe, immer wieder hinterfrage. Und dass ich Ausschau halte nach dem Gott, der jenseits aller Bilder und Begriffe ist.

Woher schöpfen Sie die Kraft dazu?
■ Ich persönlich sehe im täglichen Rhythmus von Gebet und Arbeit eine Möglichkeit, das richtige Maß für mich zu finden. Und ich liebe die Liturgie. Ich singe gerne die Psalmen und lasse mich vom gemeinsamen Chorgebet tragen. Die tägliche Eucharistiefeier ist für mich die Quelle, aus der ich schöpfe, eine Quelle der Liebe, die nie versiegt und in die Unvollkommenheit meines Lebens eindringen möchte, um sie zu heilen.

Manche Angehörige des Benediktinerordens beteiligten sich in Europa im 19. und 20. Jahrhundert aktiv an der geistlichen und liturgischen Erneuerung. Wie sehen Sie den Auftrag des Ordens des heiligen Benedikt für die Kirche in der Gegenwart?
■ Im 19. und 20. Jahrhundert hatten die Benediktiner einen wesentlichen Anteil an der liturgischen Bewegung, die dann im II. Vatikanum von der ganzen Kirche aufgenommen wurde. Heute sehe ich den Auftrag der Benediktiner auf einem anderen Gebiet. Da ist zunächst einmal das Leben in der Gemeinschaft. Ein großes Problem der Kirche, aber auch der

Gesellschaft allgemein, ist meiner Meinung nach die Unfähigkeit, miteinander zu reden und miteinander fair umzugehen. Die konservativen und progressiven Gruppierungen innerhalb der Kirche haben keine Sprache mehr, mit der sie sich verständigen können. Beide sind in Gefahr, sich hinter Ideologien zu verschanzen.

Die benediktinische Spiritualität ist geprägt von Heimweh nach der Urkirche, nach einem Miteinander im Geiste Jesu Christi. Das muss aber konkret eingeübt werden durch Ehrfurcht voreinander und durch einen guten Stil, miteinander zu kommunizieren. Wenn man miteinander lebt, kann man sich hinter keiner Ideologie verstecken, da muss sich der Mensch zeigen, wie er ist. Und man spürt, dass man es nur dann miteinander aushält, wenn man barmherzig ist zueinander und zu sich selbst.

Den zweiten Auftrag der Benediktiner sehe ich darin, die Spiritualität des frühen Mönchtums und der Kirchenväter in unsere Zeit zu übersetzen und gegen die moralisierenden Strömungen eine mystagogische Spiritualität zu verkünden, d. h. eine Spiritualität, die in die Erfahrung Gottes führt, aber auch zu einer ehrlichen Selbstbegegnung einlädt. Der heilige Benedikt hat die Gottsuche in den Mittelpunkt seiner Spiritualität gestellt. Ich sehe es als unsere Aufgabe an, in unserer Gesellschaft die Frage nach Gott lebendig zu erhalten und die Menschen nicht um Gott zu betrügen.

Die benediktinische Spiritualität ist eine geerdete Spiritualität, die diese Welt ernst nimmt, sich konkret ausformt und so für andere sichtbar und erfahrbar wird. Das relativiert alle geistlichen Höhenflüge, die von Idealen ausgehen, aber die Erde nicht verwandeln. Wenn unsere Spiritualität in dieser Welt nicht ernsthaft Fleisch wird, verliert sie ihre Bedeutung.

Spiritualität verbindet sich, gerade im kirchenferneren Bereich, gerne mit der Autorität eines Guru. Was ist das Kriterium für einen echten spirituellen „Meister"? Und kann nicht der Bezug auf Spiritualität auch ins Ideogische „umkippen"?

■ Ein echter spiritueller Meister tritt zurück. Er sammelt keine Schüler um sich. Heute ist es üblich, sich als Schüler dieses oder jenes Meisters auszugeben. Das ist für mich suspekt. Der echte spirituelle Meister begleitet Menschen. Aber er macht sie nicht von sich abhängig. Er gründet keine Schule. Er geht einen Weg. Wer den Weg mitgehen will, kann ihm ein Stück weit folgen. Ich sehe heute drei große Gefahren in der geistlichen Begleitung.

Da ist einmal die Abhängigkeit, die entsteht. Manche meinen, sie könnten einen spirituellen Weg nur gehen, wenn sie von jemandem begleitet werden.

Die zweite Gefahr ist der geistliche Missbrauch. Der Guru vermittelt seinem Schüler, dass er genau weiß, was für ihn stimmt. Wenn der ihm nicht folgt, dann droht er ihm, er werde schon sehen, wohin er komme. Wenn man Gott dazu benutzt, einen Menschen von sich abhängig zu machen und ihm Angst einzujagen, seinen eigenen Weg zu gehen, dann ist das spiritueller Missbrauch. Er führt genauso wie der sexuelle Missbrauch zur Verwirrung der Gefühle.

Die dritte Gefahr besteht in der Ideologisierung. Und das ist bei allen spirituellen Richtungen möglich. Da wird zum Beispiel die Unfähigkeit, sich einem Konflikt zu stellen, vorschnell als Kreuzesnachfolge ideologisiert. Oder da wird die eigene spirituelle Praxis damit begründet, dass man weit höher steht als das normale Fußvolk, das sich immer noch an die Gottesdienste der Kirche hält. Oder da wird der Heilige Geist dazu missbraucht, das eigene Denken zu überspringen.

Was heute nötiger ist denn je, das ist die Unterscheidung der Geister. Ich bin froh, Benediktiner zu sein und in Gemeinschaft zu leben. Denn wenn man konkret miteinander leben möchte, kann man Ideologien nicht brauchen. Ideologen können sich in einer Gemeinschaft nicht halten.

IV. Ich möchte kein Vielschreiber werden

Vom Bücherschreiben und von der Sprache des Leibes

Welcher Impuls hat Sie zum Schreiben bewegt?

■ Mein erstes Buch war meine schon erwähnte Doktorarbeit, in der ich mich mit dem Beitrag Karl Rahners zum Thema Erlösung aus der Sicht der damaligen Theologie befasst habe. Aber so eine Doktorarbeit wird nicht von sehr vielen Menschen gelesen. Der Impuls zu schreiben kam eigentlich von gemeinsamen Tagungen, die wir in unserem Kloster durchgeführt haben. 1975 hielten wir für Ordensleute und für einige Psychologen, die wir bei Graf Dürckheim kennen gelernt hatten, eine erste Tagung mit dem Thema „Beten im Mönchtum". Der bekannte deutsche Psychologe hatte nach seiner Rückkehr aus Japan ein therapeutisches Zentrum gegründet, das gleichzeitig zum Zentrum für Meditation wurde. Er eröffnete das Zentrum in Rütte, einem kleinem Ort im Schwarzwald. Jeden Morgen und jeden Abend fanden hier im so genannten Zendo (japanische Meditationshalle) Meditationen für die Öffentlichkeit statt. Karlfried Graf Dürckheim sammelte mit der Zeit eine ganze Reihe von Mitarbeitern um sich – u. a. auch die Ärztin und Psychologin Maria Hippius. In ihrer Arbeit kamen verschiedene Methoden zum Einsatz, z. B. Aikido, Malen oder Töpfern.

Kehren wir aber zu den Begegnungen in Ihrem Kloster zurück ...

■ Auf unserer Tagung gab es sehr interessante Gespräche über die Erfahrungen des frühen Mönchtums mit Gebet und Meditation. Diese verglichen wir dann mit den Erfahrungen der östlichen Meditationsformen oder der Jungschen Psychologie. Das war der Anfang unseres langjährigen Meinungsaustausches zum Thema Erbe der Wüstenväter. Wir wollten unsere Erfahrungen, die wir mit der Zen-Meditation und der Jungschen Psychologie gemacht hatten, für unser Ordensleben fruchtbar werden lassen.

Unser Abt Fidelis hatte mir damals einen Vortrag zum Thema „Reinheit des Herzens" zugeteilt. Ich habe einiges von der Mönchsliteratur dazu gelesen und den Vortrag ausgearbeitet. Da er gut ankam, habe ich ihn der benediktinischen Zeitschrift „Erbe und Auftrag" geschickt. Daraufhin bat mich der Kaffke-Verlag, ob ich diesen Aufsatz nicht erweitern und in seiner Kleinschriftenreihe veröffentlichen wollte. Ähnlich ging es mir mit dem Vortrag „Demut und Gotteserfahrung", den ich für Ordensleute ausgearbeitet hatte.

Als ich 1976 für eine andere gemeinsame Tagung an dem Thema „Gebet und Selbsterkenntnis" arbeitete, kamen P. Fidelis Ruppert – damals noch Prior – und ich überein, selbst Kleinschriften herauszugeben. Das war die Geburt unserer Münsterschwarzacher Kleinschriften. Wir spürten, dass die Leute die Spiritualität des frühen Mönchtums schätzten, die wir auf dem Hintergrund Jungscher Psychologie für unsere Zeit zu entfalten suchten. Dieses Interesse sowie das Gespräch mit unseren Kursteilnehmern waren die wichtigsten Impulse für mein Schreiben.

Gab es jemanden, der Sie damals zum Schreiben ermutigte?
▪ Bei den ersten Büchern wurde ich von meinen Mitbrüdern ermuntert. Nach dem fünften Buch meinten sie jedoch, jetzt würde es eigentlich reichen mit dem Schreiben. Danach waren es immer eigene Impulse. Ich hatte Lust, dieses oder jenes Thema zu bearbeiten.

Wer hat Sie auf diesem Feld am meisten beeinflusst oder inspiriert?
▪ Beeinflusst wurde ich vor allem von den Schriften der frühen Mönche. Evagrius Ponticus, den ich für den bedeutendsten Schriftsteller unter den Mönchen halte, hat mich dabei am meisten inspiriert. Weiter war es Poimen, von dem viele Sprüche der Wüstenväter erhalten geblieben sind, und dann

auch die anderen Mönchsväter, deren Sprüche in den Apophthegmata patrum (Vätersprüche) überliefert sind. Manchmal
haben mich auch Zuhörer meiner Vorträge inspiriert. Wenn
ich über eine Bibelstelle gepredigt hatte, wurde ich oft gebeten,
wichtige Stellen in der Heiligen Schrift so auszulegen, dass die
Leute sie verstehen und sich davon angesprochen fühlen.

*Lesen Sie Ihre Texte noch vor der Veröffentlichung, z. B. im
Rahmen der Exerzitien?*
■ Wie ich bereits sagte, entstanden die ersten Kleinschriften
aus Vorträgen. Da war also zuerst der Vortrag im Rahmen eines Kurses. Danach habe ich den Vortrag erweitert und eine
Kleinschrift veröffentlicht. Später war es umgekehrt: Wenn
mich ein Thema faszinierte, habe ich versucht Ideen, die
mir dazu kamen, in eine Form zu bringen. Ich habe einfach
angefangen zu schreiben. Beim Schreiben kamen dann weitere Ideen hinzu. Und ich suchte in der Bibliothek nach ent-
sprechender Literatur zum Thema und arbeitete diese ein.
Was ich geschrieben hatte, habe ich erst eine Weile liegen gelassen. Bei Gesprächen in der geistlichen Begleitung habe ich
dann oft gespürt, dass die Themen, über die ich gerade
schrieb, auf einmal präsent waren. Und mir kamen dann
neue Gedanken zu dem Thema. So erweiterte ich das Buch
durch das, was mir im Gespräch und in der persönlichen Meditation und Auseinandersetzung dazu noch einfiel. Aber
vorgetragen habe ich die Gedanken meistens erst, nachdem
das Buch geschrieben war.

*In Ihren Büchern widmen Sie sich den verschiedensten The-
men und Bereichen des geistlichen Lebens. Ein uneinge-
weihter Leser kann den Eindruck haben, dass Sie über alles
schreiben. Warum gehen Sie die Gefahr einer solchen Zer-
streuung ein?*
■ In den ersten Jahren meines Schaffens haben mich verschiedene Themen angesprochen. Ich wollte den Menschen,
mit denen ich bei Kursen und in der geistlichen Begleitung in
Berührung kam, helfen mit ihren Fragen besser zurecht-

zukommen. Dann habe ich immer wieder Vorträge gehalten. Wenn ich nach den Vorträgen versuchte, auf die Fragen der Menschen eine Antwort zu geben, spürte ich, dass ich oft nicht angemessen geantwortet hatte. Ich hatte dann das Bedürfnis, im Lesen und Schreiben eine bessere Antwort zu finden. Mein Wunsch war, wichtige Themen des geistlichen Lebens und der Liturgie so zu behandeln, dass sie die Menschen berühren und ihnen auf ihrem inneren Weg weiterhelfen.

Immer wieder erlebe ich, dass in der Seelsorge bei verschiedenen Menschen die gleichen Probleme auftauchen und dass die Antwort, die ich auf eine Frage gebe, dem Gesprächspartner hilft. Dann beschäftige ich mich weiter mit diesem Thema. Ab und zu besucht mich jemand und sagt direkt: „Ich bitte dich, schreib über Träume." Demjenigen sage ich zwar, dass das nicht geht, doch nach einiger Zeit kehre ich zum Thema zurück und stelle fest, dass die Zeit dafür da ist. Die Bücher sind für mich ein Weg, den Dialog mit den Menschen aufzunehmen und nach einer Antwort auf ihre Fragen zu suchen.

Heute ist es oft so, dass die Lektoren der Verlage mir Themen vorschlagen, weil sie häufig sehr genau die aktuellen Sehnsüchte und Bedürfnisse der Menschen kennen – sie sind nahe an ihren Fragen dran. Dann höre ich immer in mich hinein, ob mich ein Thema anspricht. Wenn ich Lust verspüre mich auf das Thema einzulassen, fange ich einfach an zu schreiben. Beim Schreiben merke ich dann, ob daraus ein Buch werden kann oder ob ich es lieber sein lasse.

Haben Sie bestimmte Schlüsselthemen?
■ Schlüsselthemen sind für mich Gebet und Meditation, die Erfahrung des inneren Raumes der Stille, in dem wir ganz sind und heil und in dem Gott selbst wohnt. Ein anderes Thema ist der Umgang mit unseren Gedanken und Gefühlen, mit unseren Schattenseiten, mit unseren Ängsten und Bedürfnissen. Ein wichtiges Thema ist für mich das der Heilung. Wo finde ich Heilung für meine Wunden?

*Ihr ursprüngliches Thema, das Sie in Ihrer Doktorarbeit be-
handelt haben, war aber die Frage der Erlösung.*

■ Dieses Thema zieht sich nun schon über dreißig Jahre durch
mein theologisches und psychologisches Arbeiten. Heute würde ich Erlösung eher als Heilung und Befreiung beschreiben.

*In welchem Maße wird Ihr Werk von der benediktinischen
Spiritualität beeinflusst?*

■ Sie ist für mich die Grundlage, aber ich fange eben nicht
bei der Regel Benedikts an, sondern bei den Mönchsvätern,
von denen der heilige Benedikt sehr viel übernommen hat.
Und ich versuche, die Regel und ihre Aussagen von der Erfahrung her zu beschreiben, weil jede Theologie für mich immer Ausdruck von Erfahrung ist. Mich interessiert bren-
nend, welche Erfahrung der heilige Benedikt mit sich und
mit seinem Gott gemacht hat, wie er seine Mönche erlebt
und auf die alltäglichen Konflikte reagiert hat. Die benediktinische Spiritualität hat meine Beschäftigung mit Gebet
und Meditation, mit den Themen der Führung, der Erziehung und des Umgangs mit Menschen sowie mit liturgischen Themen beeinflusst.

*In den letzten Jahren gehören Sie auch im tschechischen
Buchhandel zu den meistherausgegebenen Autoren. Leicht
übertrieben könnte man sagen, dass Ihre Bücher zu geistlichen Bestsellern geworden sind. Eine zu große Popularität
birgt jedoch auch allerhand Versuchungen. Sind Sie sich einiger davon bewusst?*

■ Ich bin natürlich sehr dankbar, dass sich meine Bücher gut
verkaufen, im Kloster jedoch lebe ich ein bescheidenes Leben und muss – vor allem wirtschaftliche – Alltagsprobleme
lösen. Eine Gefahr liegt darin, dass gewisse Leute einen „Guru" brauchen und ich in diese Rolle manövriert werde. Eine
weitere Gefahr besteht auch darin, dass meine Bücher in einigen Jahren vielleicht gar nicht mehr gekauft und sie zu La-
denhütern werden. Für mich ist es jedenfalls wichtig, meiner
Sendung treu zu bleiben und sie fortzusetzen.

Womit erklären Sie sich, dass man Sie so viel liest und Ihre Leser vor allem junge Leute sind?

■ Die jungen Leute sagen oft, dass sie in meinen Büchern eine bestimmte Tiefe spüren. Ich glaube, dass sie sich nach etwas sehnen, das ihnen das Leben erleichtert. Sie wissen auch, dass sie das nicht durch rein psychologische Methoden erreichen können. Einige versichern mir, dass sie in meinen Büchern eine Spur von Liebe entdecken. Oft suchen sie mich auf und berichten, dass meine Bücher ihre inneren Gefühle ansprechen.

Haben Sie keine Angst davor, dass Sie sich im Laufe der Zeit wiederholen werden und Ihre Aussagen an Tiefe verlieren?

■ Ich möchte auf gar keinen Fall ein „Vielschreiber" werden und habe durchaus Angst davor, dass meine Bücher an Niveau verlieren. Daher sage ich vielen Verlagen, die sich von mir ein neues Buch wünschen, ab.

Ich vertraue meinem Gespür, ob mich ein Thema wirklich inspiriert. Deshalb möchte ich nicht über Themen schreiben, die ich schon einmal behandelt habe. Natürlich wiederholen sich manche meiner Aussagen und Themen. Und ich habe schon das Gefühl, dass ich immer wieder Zeit brauche um nach innen zu horchen und meinen inneren Weg weiterzugehen. Das Schreiben darf nicht dazu führen, dass ich stehen bleibe und immer wieder die gleichen Antworten gebe. Für mich stimmt das Schreiben nur dann, wenn es mich lebendig hält und zu neuen Einsichten führt. Da höre ich genau auf mein Gefühl. Wenn ich mich zum Schreiben zwingen muss, wenn ich mich dabei abquäle, dann stimmt es nicht mehr. Ich setze mich auch nicht unter Druck zu schreiben, nur weil es von mir erwartet wird. Es kann sein, dass ich demnächst einfach nur schweige und warte, bis wieder etwas Neues in mir heranwächst, das in Worte gefasst werden will.

Haben Sie nicht manchmal das Gefühl, dass alles Wichtige in der geistlichen Literatur bereits geschrieben wurde?

■ Nach jedem Buch habe ich natürlich das Gefühl, dass ich nichts mehr zu sagen habe. Jedes Mal taucht aber ein anderes Thema auf, das mich anspricht. Natürlich stimmt es, dass bereits alles gesagt wurde: Doch ich glaube, dass es noch viele Fenster gibt, durch die man die Wahrheit erblicken kann. Jedes Buch kann zu einem solchen Fenster werden, auch wenn das, was man dadurch erblickt, dieselbe Landschaft, dasselbe Geheimnis ist. Ich möchte jedoch nicht, dass die Leute einmal über mich sagen: „Das ist so ein Vielschreiber, der immer dasselbe schreibt." Bevor es dazu kommt, höre ich lieber auf zu schreiben.

Wie können Sie überhaupt das geistliche Leben mit der Beschäftigung im Kloster und mit dem Buchschreiben verbinden? Wie schaffen Sie das, ohne dabei zu erschöpfen?
■ Für mich ist es ganz wichtig, meine Zeit gut einzuteilen. Ich sagte bereits, dass ich in der Verwaltung nie Überstunden mache. Ich habe mir jede Woche sechs Stunden zum Schreiben reserviert. Dienstags und donnerstags schreibe ich morgens zwischen 6.00 und 8.00 Uhr und an einem Abend in der Woche von 20.00 bis 22.00 Uhr. Das genügt mir. Bei den Vorträgen und Kursen habe ich mir eine klare Regel auferlegt. Ich halte nur einmal in der Woche abends einen Vortrag, und Kurse gebe ich nur an Wochenenden. Während der Woche bin ich sonst frei für die Arbeit in der Verwaltung und im Recollectiohaus. Ich spüre, dass ich sorgfältig über diese Grenzen wachen muss. Denn die Versuchung immer mehr anzunehmen, kenne ich sehr gut und bin ihr manchmal schon erlegen.

Etwa vor sechs Jahren sind Sie schwer erkrankt. Bekamen Sie durch diese Lebensprüfung neue Kenntnis über sich selbst?
■ Es war keine schwere Krankheit. Nach einem Kurs wusste ich nicht mehr genau, was ich eigentlich gesagt hatte und was an diesem Tag wirklich gelaufen war. Eine Schwester, die mich beim Kurs musikalisch begleitete, merkte, dass ich anders war als sonst. Sie telefonierte mit dem Abt, der ihr riet mich sofort ins Krankenhaus zu fahren. Dort wurde

erkannt, dass meine Schilddrüse eine starke Überfunktion hatte. Die Werte waren so hoch, dass die Operation erst zwei Wochen später erfolgen konnte. Seither geht es mir gut. Aber natürlich war diese Krankheit für mich ein wichtiger Impuls, mich zu fragen, wo ich „mein eigenes Maß" überschritten hatte. Ich hatte gemeint, ich würde nicht zuviel arbeiten, aber mein Leib belehrte mich eines anderen. Seitdem versuche ich besser auf meinen Leib zu hören. Meine Mitbrüder schickten mir mein eigenes Buch *Gesundheit als geistliche Aufgabe* ins Krankenhaus. Das hat mich zuerst geärgert, aber dann spürte ich, dass ich auf die leisen Impulse in meinem Herzen doch besser hören sollte.

Was haben uns solche Impulse des Leibes zu sagen? Wann können wir sie wahrnehmen, und wie sollen wir sie deuten?
■ Wenn ich verspannt bin, will mir mein Leib sagen, dass er sich nicht wohl fühlt. Die Rückenschmerzen können mich andererseits darauf aufmerksam machen, dass ich meine Gefühle unterdrückt habe. Mein Leib erinnert mich also an Dinge, die ich übersehen habe, weshalb ich ihm für solche Reaktionen dankbar sein sollte. Ich sollte also weniger nach dem Grund der Krankheit als nach ihrem Sinn fragen. Die Krankheit enthält immer eine Botschaft: Entweder soll ich – vielleicht in der Arbeit – ein neues Maß suchen, oder ich soll Schluss mit der Oberflächlichkeit – gegebenenfalls mit meinem Erfolg – machen und die Tiefe meiner Seele ergründen.

Kommt es öfter vor, dass Ihre Bücher nach einiger Zeit wie ein Bumerang auf Sie zurückkommen, dass sie Sie auf etwas Wichtiges aufmerksam machen?
■ Viele meiner Bücher betreffen Fragen, mit denen ich mich persönlich auseinandersetze – und das manchmal sehr intensiv. Die Gesundheit war sicher so ein Thema. Es „holte mich ein", als ich selbst krank wurde. Im Krankenhaus habe ich dann die Zeit bis zur Operation dazu genutzt, die Kleinschrift *Leben aus dem Tod* zu schreiben.

Das ist kein besonders erfreuliches Thema vor einer Opera-tion.

■ In der Atmosphäre des Krankenhauses hat es für mich gestimmt, über dieses Thema zu schreiben. Einige Jahre zuvor hatten mich Freunde gebeten, dieses Thema in einem Buch zu behandeln, aber damals fühlte ich keinen inneren Impuls dazu.

Ein anderes Thema war: „Menschen führen – Leben wecken". Da ich selber eine Führungsaufgabe habe, wollte ich lange nicht darüber schreiben. Denn ich bin mir bewusst, dass auch ich nicht auf ideale Weise Führung wahrnehme. Aber dann haben mich Führungskurse, die ich für Daimler-Chrysler hielt, ermutigt darüber zu schreiben. Heute erlebe ich, dass ich dem selbst geschriebenen Buch nicht immer entspreche. Dann wird es für mich zu einer bleibenden Herausforderung.

Bemühen Sie sich Ihre Bücher vor der neuen Ausgabe irgendwie zu korrigieren oder zu ergänzen? Oder lesen Sie Ihre Bücher lieber nicht?

■ Wenn ich ein Buch geschrieben habe, bin ich nie zufrieden. Ich spüre, dass ich manches besser formulieren oder ausarbeiten könnte. Aber wenn ich das Buch beim Verlag abgeliefert und nochmals korrigiert habe, lege ich es ab. Dann habe ich keine Lust, es nochmals zu überarbeiten. Das Ungenügen treibt mich höchstens dazu, manche Themen in anderem Zusammenhang erneut aufzugreifen und besser darzustellen. Das gilt auch dann, wenn das Buch nochmals veröffentlicht wird. Die neuen Ausgaben sind gleich, nur die Rechtschreibfehler sollten korrigiert werden.

Planen Sie ein Thema zu bearbeiten, dem Sie bisher noch keine Aufmerksamkeit schenkten?

■ Ich plane meine Bücher nicht langfristig. Und ich habe auch keine Ideen, was ich als Nächstes behandeln will. Ich habe in den letzten Monaten alle vier Evangelien bearbeitet. Was mich reizt, wäre manche Aussagen der Paulusbriefe oder der Petrusbriefe so auszulegen, dass die Menschen sie verstehen und dass sie Wegweiser der Erfahrung von Erlösung und Heilung werden. Aber ich bin kein Exeget und spüre die Schwierigkeit, diese oft sehr abstrakten theologischen Aussagen in eine andere Sprache zu übersetzen. Was mich dabei besonders reizt, ist die Auslegung einmal auf dem Hintergrund heutiger Psychologie und dann im Dialog mit anderen Religionen und ihren mystischen Traditionen. Für mich ist die Bibel eine wunderbare Einweisung in die Gotteserfahrung. Die Bibel will mir die Augen öffnen für die eigentliche Wirklichkeit dieser Welt und für das Geheimnis Gottes, der in der Welt und im menschlichen Herzen anwesend ist, sich aber unserer Erkenntnis und Erfahrung entzieht und sich vor unseren neugierigen Blicken verbirgt.

Welche Autoren der geistlichen Literatur lesen Sie gerne? Wer von den heutigen Autoren dieser Literatur spricht Sie an?

■ Ich lese Henri Nouwen immer wieder sehr gerne, weil er mir geistlich und persönlich am nächsten steht. Außerdem mag ich Richard Rohr und John Sanford, Thomas Merton und Gabriel Bunge. Aber immer wieder greife ich auch zu den großen Meistern des geistlichen Lebens und der Mystik wie Teresa von Avila, Johannes vom Kreuz, Evagrius Ponticus, Johannes Cassian, Johannes Climacus, Augustinus, Gregor von Nyssa, Meister Eckehart, Nikolaus von Kues. Aber ich lese nicht nur geistliche Literatur, sondern auch viele psychologische Bücher. Ich habe das gesamte Werk von C. G. Jung und viele Bücher von Peter Schellenbaum, John Bradshaw und Ken Wilber gelesen. Gerade die transpersonale Psychologie, die mystische Erfahrungen mit der heutigen Psychologie verbindet, interessiert und inspiriert mich, mystische Texte auf neue Weise zu verstehen und auszulegen.

V. Still vor Gott sitzen

Vom Gebet, von den Gefühlen und von der Schatzkammer im Inneren

Ein Schlüsselthema in Ihren Büchern ist das Gebet. Darüber wurde aber schon sehr viel geschrieben. Kann man zu diesem Thema noch etwas Neues sagen?

■ Das Thema des Gebets berührt jeden Menschen. Daher müssen darüber immer wieder neue Bücher geschrieben werden, denn in jeder Zeit haben die Menschen andere Probleme mit dem Beten. Solche existentiellen Themen müssen sprachlich immer neu formuliert werden, damit die Menschen damit etwas anfangen können. Ich nehme nicht in Anspruch, etwas Neues über das Gebet zu sagen. Aber ich versuche, von der Erfahrung auszugehen und den Menschen Hilfestellung zu geben beim Gebet um ihre konkreten Nöte.

Warum haben die Menschen heute mit dem Gebet so viele Schwierigkeiten?

■ Ein Problem liegt sicher darin, dass die Menschen oft keine Zeit zum Gebet finden. Ein anderes Problem ist, dass viele gar nicht an das Gebet herangeführt wurden. Viele verwechseln Beten mit Sprechen. Sie meinen, sie müssten Gott immer etwas sagen und finden dabei keine Worte, um mit Gott zu reden. Vorformulierte Gebete sprechen sie nicht an. Aber sie fühlen sich auch nicht in der Lage, das, was sie im Innersten bewegt, selbst in Worte zu fassen.

Liegt das Problem nicht auch darin, dass der Mensch heute größere Schwierigkeiten als früher hat, eine wahre Beziehung zu Gott zu pflegen?

■ Es stimmt, dass die Beziehung zu Gott früher für die meisten Menschen völlig selbstverständlich war. Dabei hatten aber bei weitem nicht alle Gläubigen eine persönliche Beziehung zu ihm. In unserer Zeit ist es sicher schwieriger, eine persönliche Verbindung mit Gott aufzubauen, denn man hat keine gesunde Tradition als Rückhalt und muss sie sich alleine erarbeiten.

Welches Mittel zur Verbesserung der Kommunikation mit Gott bieten Sie in Ihren Büchern an? Was brauchen wir am dringendsten, um ihm gegenüber offener zu werden?

■ Die Kommunikation mit Gott kann nur dann zustande kommen, wenn wir fähig sind, mit uns selbst zu kommunizieren. Viele Menschen erleben Gott nicht, weil sie nicht sie selbst sein können. Sie sehnen sich nach der Nähe Gottes, sind jedoch weit entfernt von sich selbst. Wie kann man einer solchen Kommunikation nachhelfen? Die erste Voraussetzung ist Stille. Eine Stille, in der ich die eigenen Gedanken und Wünsche wahrnehmen und sie dann Gott vorlegen kann. Ferner helfen hier verschiedene Methoden der Meditation sowie der Gottesdienst, denn er kann das Herz ansprechen. Darüber hinaus ist es wichtig, den Menschen vom Leistungsdruck zu befreien. Wie ich bereits sagte, haben viele den Eindruck, Gott dauernd etwas sagen und gleichzeitig eine klare Antwort von ihm hören zu müssen. Es reicht aber oft, still vor Gott zu sitzen und ihm vorzulegen, was man gerade erlebt. Dieser Schritt ist eine Wohltat für die Seele und lehrt uns, uns zu erleben, so wie wir sind. Es ist auch gut, in der Stille über ein spirituelles Wort nachzudenken, z. B. über die Worte der Psalmen, und dabei herauszufinden, welche Erfahrung sich hinter diesen Worten verbirgt.

Welche Bedeutung spielt der Ort, den wir uns für das Gebet aussuchen?

■ Theoretisch kann man überall beten. Und manche haben die Fähigkeit, auch in der Straßenbahn oder mitten im Verkehrsgewühl zu beten. Aber es ist sicher hilfreich, sich zum Gebet zurückzuziehen. Die Kirche ist ein guter Ort für das Gebet. Wenn ich mich in eine Kirche setze, habe ich das Gefühl in einem heiligen Raum zu sein, von Gottes heilender und liebender Gegenwart umhüllt. Vor dem Tabernakel habe ich das Gefühl bei Christus zu sein, mich von ihm anschauen zu lassen und ihm das vorzulegen, was in mir ist. Auch die Meditationsecke in meiner Klosterzelle ist mir wichtig. Dort setze ich mich hin und zünde eine Kerze an. Dann tauche ich in eine andere Welt ein und werde nicht abgelenkt von den Problemen des Alltags.

Das Gebet wird oft mit einem menschlichen Gespräch mit Gott verglichen. Sie selbst sehen aber das Gebet eher als eine Begegnung. Warum ist dieser Aspekt für Sie so wichtig?
■ Viele Menschen tun sich schwer damit, das Gebet als Gespräch mit Gott zu sehen. Denn sie sehen und hören ihr Gegenüber nicht. Es ist kein Zwiegespräch, wo es Frage und Antwort gibt und das Gespräch hin- und hergeht. Die Begegnung verstehe ich als etwas Ganzheitliches. Zur Begegnung gehört, dass ich mich, so wie ich bin, mit Leib und Seele, Gott hingebe. Diese Begegnung verwandelt den Menschen. Sie kann in einem Blick geschehen, in einem Gespräch oder nur in einem schweigenden Zusammensein. Manchmal ist das Gebet einfach nur Schweigen vor Gott. Und dennoch geschieht da eine Begegnung. Und ich gehe anders aus ihr heraus, als ich hineinging.

Sie haben gesagt, dass ein Mensch, der Gott begegnen will, zuerst sich selbst begegnen muss. Müssen wir uns also beim Gebet zuerst mit uns selbst auseinander setzen?
■ Wenn ich nicht bei mir selbst bin, wie soll ich bei Gott sein? Bereits Cyprianus von Karthago sagte: „Wie kannst du von Gott verlangen, dass er dich hört, wenn du dich selbst nicht hörst?" Wenn ich nicht bei mir zu Hause bin, wie soll mich Gott dort erreichen? Um ihm begegnen zu können, muss man zuerst seinem eigenen Inneren begegnen. Das Gebet ist also keine fromme Flucht vor meinem „Ich", sondern in erster Linie ein Hineinhören in mich selbst.

Manche Menschen beklagen sich, dass sie Gott nicht wahrnehmen und seine Gegenwart nicht verspüren. Diese

Leute frage ich dann immer: „Nimmst du dich denn selbst wahr?" Wir sind einfach nicht fähig, Gott zu erfahren, solange wir uns nicht selbst begegnen. Zu einer wahren Begegnung mit Gott kann es nur dann kommen, wenn ich ihm alles, was in mir ist, vorlege. Wenn ich ausschließlich mit dem Verstand ins Gebet gehe, werde ich über Gott nur nachdenken, ihm jedoch nicht wirklich begegnen. Mit anderen Worten, was ich in einer solchen Begegnung ausspare, das wird mir im Gebet fehlen. Und noch viel mehr: Das was ich nicht zugebe, kann mich heimtückisch anfallen und mir schaden, statt mein Verhältnis zu Gott zu stärken.

Was erwartet eigentlich Gott von uns im Gebet? Wozu dient unsere Selbsterkenntnis?

■ Gott erwartet von uns, dass wir im Gebet ihm begegnen. Das wird nur gelingen, wenn wir alles, was in uns ist, in die Beziehung zu Gott mit hineinbringen. Unser Gebet muss nicht fromm sein, aber auf jeden Fall ehrlich. Ich muss Gott in alle Herzenswinkel hineinblicken lassen, ich muss alle dunklen Ecken und Leidenschaften, meine Verbissenheit und Verbitterung, aber auch alle Bedürfnisse und unausgesprochenen Wünsche vor ihn bringen. Ich muss einfach mein ganzes Leben samt meiner aktuellen Erlebnisse vor ihm ausbreiten. Im Gebet darf ich alles enthüllen, was ich unterdrückt oder aus meinem Leben verdrängt habe, was ich nicht einmal vor mir selbst gestehen wollte, weil es das ideale Bild, das ich mir – vielleicht unbewusst – von mir selbst gemacht habe, verzerrt. Ich darf im Gebet auch meine Angst oder meine Verzweiflung aussprechen.

Unsere Selbsterkenntnis ist kein Selbstzweck, sondern dient dazu, dass wir mit allem, was in uns ist, Gott begegnen. Er will mir begegnen mit allem, was ich geworden bin. Gott will mein Herz mit allem, was darin ist, damit er es mit seiner Liebe erfüllen kann.

Mit anderen Worten muss der Mensch, um Gott zu begegnen, seine eigene Sünde besser erkennen.

■ Wenn ich ehrlich vor Gott trete, erkenne ich auch, wie weit ich innerlich von ihm entfernt bin. Und ich werde spüren, wo ich gegen ihn gesündigt habe, wo ich mich ihm gegenüber verschlossen und an ihm vorbeigelebt habe. Evagrius Ponticus sagt sogar, dass es kein wahres Gebet gäbe, bei dem man nicht auf die eigenen Fehler stoßen würde. Nach den eigenen Sünden muss man also gar nicht besonders suchen, da sie bei einem wahren Gebet von selbst auftauchen. Das Gebet ist nämlich der Ort, wo man völlig ungeschützt vor Gott steht, vor allem wenn man sich nicht an die vorformulierten Gebete hält. Insofern werde ich vor ihm immer auch meine Sünde erkennen. Und das ist heilsam. Ich kann erst zu meiner Sünde stehen, wenn ich im Gebet erkenne, dass ich mit meiner Sünde von Gott angenommen bin.

Kann uns das Gebet auch etwas über unser Unbewusstes sagen?
■ Wer ehrlich betet und sich mit allem, was in ihm ist, Gott schweigend aussetzt, der wird erfahren, wie es in seinem Herzen aussieht. Da wird sich seine Freude zu Wort melden, aber auch seine Traurigkeit, sein Ärger und seine Eifersucht, seine Sehnsucht und seine Enttäuschung. Wenn ich mich ungeschützt vor Gott hinsetze, werde ich mit meiner inneren Wahrheit konfrontiert. Und da wird auch das Unbewusste auftauchen. Das, was ich längst verdrängt habe, wird in einem intensiven Gebet aus der Tiefe meines Unbewussten aufsteigen. Das Gebet durchleuchtet alle Abgründe meiner Seele.

Man kann auch dagegen einwenden, dass Sie das Gebet zu viel psychologisieren und dass sich dann der Mensch nur mit sich selbst statt mit Gott befasst ...
■ Manche Menschen werfen mir vor, ich würde das geistliche Leben „verpsychologisieren". Die frühen Mönche kannten diese Angst nicht. Für sie war Gebet immer auch ein Weg in die eigene Wahrheit. Gebet ist aber mehr, als nur seine Seele zu analysieren. Ich setze mich im Gebet bewusst

Gott aus, einem Gegenüber, einem Du. Und vor diesem Gott erkenne ich, wer ich bin. Ich blicke nicht in meine Seele, sondern ich schaue auf Gott. Aber in ihm sehe ich wie in einem Spiegel die Wirklichkeit meines Herzens und die Tiefen meines Unbewussten. Und ich bleibe nicht dabei stehen, nur mein Inneres zu erkennen. Ich lasse Gottes Liebe und Gottes Licht dort eindringen und es erhellen.

Die Begegnung mit sich selbst kann auch sehr hart sein. Der Mensch kann auf einmal all das Unbekannte in sich erkennen, das zuvor verborgen war. Besteht da nicht die Gefahr, dass er mutlos wird und bei der Psychoanalyse stehen bleibt?

■ Ja, das stimmt, die Selbstbegegnung ist oft sehr unangenehm, vor allem dann, wenn ich vieles in mir verdrängt und „unter den Teppich gekehrt" habe, wenn ich meine Schattenseiten bisher nie angeschaut habe. Das Gebet bewahrt mich vor Mutlosigkeit, weil ich ja nicht um mich kreise, sondern auf die barmherzige Liebe Gottes schaue. Natürlich besteht die Gefahr, dass manche Menschen zu sehr auf sich schauen, anstatt auf Gott zu blicken. Aber Gebet heißt immer, nicht bei meiner Wirklichkeit stehen zu bleiben, sondern sie Gott hinzuhalten. Das Gebet ist ein Ort des Vertrauens, an dem ich intim sein und alles sagen kann, was mein Herz begehrt. Wenn wir den Mut haben, vor Gott auch das auszusprechen, was wir vor uns selbst verbergen oder was wir nur in der intimsten Beziehung aussprechen würden, dann wird unser Leben tiefer und wahrhaftiger. Es ist nicht mehr grau, fad und durchschnittlich. Wir fühlen, dass wir leben. Und wir haben keine Angst mehr vor unserem Herzen. Wir brauchen unsere harten äußeren Schalen nicht mehr, und wir können die anderen näher an uns heranlassen.

Gibt es einen Unterschied zwischen der Reue über die eigene Sünde und der Niedergeschlagenheit bzw. Depression, die zum Pessimismus und in die Verzweiflung führt? Wie kann man sie unterscheiden?

■ Die Mönche unterscheiden zwischen Trauer (penthos) und Traurigkeit (lype). Die Trauer über mein Zurückbleiben auf dem geistlichen Weg, über meine Gottesferne und über den Abschied von den Illusionen, die ich mir über mich gemacht habe, gehört wesentlich zum geistlichen Leben. Die Traurigkeit ist dagegen nur ein Kreisen um mich selbst: Selbstmitleid. Der Traurigkeit liegen übertriebene und oft genug infantile Wünsche an das Leben zu Grunde.

Und die Depression?
■ Das ist ein großes Thema. Es gibt die Depression als Reaktion auf Frustration, auf Überforderung oder auf eine Lebenskrise. Und es gibt die endogene Depression, die eine innere Veranlagung ist. Sie kann nur mit Medikamenten behandelt werden. Bei den anderen Depressionen ist es wichtig, ihre Sinnhaftigkeit zu erkennen. Manchmal will mir Gott durch die Depression zeigen, dass ich Abschied nehmen muss von der Illusion mein Leben im Griff zu haben und meine Emotionen selbst steuern zu können. Deshalb ist es wichtig, dass ich durch meine Depression zu Gott komme. Meine depressiven Stimmungen wollen mich in die Tiefe führen, damit ich in der Tiefe meiner Seele Gott als den eigentlichen Grund erkenne. Die krankhafte Depression lähmt, während die Trauer oder die Lebenskrise neues Leben in mir erzeugen. Die Trauer ist ein Durchgang, während die Depression mich festhalten möchte.

Wie weit soll der Mensch beim Gebet seinen frommen Gefühlen trauen? Wie weit stellen sie den Maßstab für sein Gebet dar?
■ Zuerst muss ich sagen, dass wir dankbar sein dürfen, wenn wir beim Gebet fromme Gefühle haben. Wir dürfen ihnen durchaus trauen. Doch wir dürfen sie nicht mit Gott verwechseln. Gott ist noch tiefer in uns, jenseits der Gefühle. Und wir dürfen nicht jedes Mal beim Gebet diese Gefühle erwarten. Wir dürfen uns nicht unter Druck setzen, Gott immer fühlen zu müssen. Manchmal nimmt uns Gott alle Gefühle, damit

wir tiefer in das eigene Herz vordringen und jenseits der Gefühle den Gott entdecken, der in uns, auf dem Grund unserer Seele wohnt, wohin selbst die Emotionen keinen Zutritt mehr haben. Gefühle wollen mich zu Gott führen. Aber auf dem Weg zu Gott muss ich die Gefühle hinter mir lassen.

Wie würden Sie das Weinen einordnen? Gehört es zum Gebet, oder ist es ein Ausdruck der Schwäche oder Überempfindlichkeit?
■ Die frühen Mönche haben die Gabe der Tränen sehr geschätzt. Evagrius Ponticus, der Mitte des 4. Jahrhunderts wirkte, sagt, dass der Mensch dann, wenn Gott ihn tief in seiner Seele berührt, in Tränen ausbricht. Tränen sind für ihn ein Zeichen echter Gotteserfahrung. Aber wir dürfen die Tränen nicht künstlich erzeugen. Es ist eine Gnade, über die beglückende Nähe Gottes oder über den Abgrund der eigenen Schuld und über die Erfahrung der unendlichen Liebe Gottes, die uns bedingungslos annimmt, weinen zu können. Echte Tränen verwandeln den Menschen, während Tränen der Empfindlichkeit uns nur in unseren infantilen Wünschen gefangen halten. Manchmal weinen wir wie ein kleines Kind, weil wir nicht bekommen, was wir wünschen. Dieses Weinen macht unzufrieden, während echte Tränen zu in einem tiefen inneren Frieden führen.

Manche Leute weinen sogar bei einem traurigen Film und fühlen sich dabei geläutert?
■ Weinen bei traurigen oder rührenden Filmen kann durchaus hilfreich sein, da es uns mit unseren eigenen Verletzungen und Sehnsüchten in Berührung bringt.

Der Mensch hat manchmal Angst, vor Gott über die Sünde zu sprechen, die ihm so „gut schmeckt", die er gar nicht bedauern kann, weil er momentan keine Kraft hat etwas zu ändern. Kann er trotzdem offenherzig beten?
■ Der Mensch darf nicht künstlich eine Sünde bereuen, die er nicht bedauern kann, weil sie so gut schmeckt und er sich

darin wohl fühlt. Er muss sie vor Gott bringen zusammen mit seiner Sehnsucht, aber auch mit dem Zwiespalt, in den er geraten ist. Wenn jemand z. B. Ehebruch begeht, kann er den sexuellen Kontakt mit der fremden Frau nicht bedauern. Aber wenn er vor Gott darüber reflektiert, wird er erkennen, wie sehr er seine eigene Frau verletzt hat und darüber Reue empfinden. In der Gegenwart Gottes kommt sicher der Augenblick, in dem er den Schmerz über sein Verhalten fühlt, das ihn in einen inneren Zwiespalt bringt.

Wie sollen wir für Menschen beten, die uns verletzt haben, wenn wir nicht eigene Wünsche oder Vorurteile ins Gebet projizieren wollen?

■ Mein Gebet für andere darf nicht zum Gebet gegen andere werden. Das wäre dann der Fall, wenn ich Gott darum bitte, dass die anderen endlich vernünftig werden und einsehen, dass ich recht habe. Ich kann nur dann für andere Menschen richtig beten, wenn ich mich in sie hineindenke, wenn ich mich frage, welche Probleme sie bewegen, worunter sie leiden und wonach sie sich sehnen. Dann kann ich Gott darum bitten, sie zu segnen und ihnen all das zu schenken, was sie zu ihrem inneren Frieden brauchen.

Lassen Sie uns zu der Frage kommen, wie man mit Gott reden kann? Was kann man ihm sagen und was nicht?

■ Es gibt für mich drei Wege mit Gott zu reden. Der erste besteht darin, dass ich Gott mit inneren Worten erzähle, wie es mir geht und was mich bewegt. Der zweite Weg ist Gott laut zu sagen, was in mir ist. Wenn ich meine eigene Stimme höre, dann spüre ich, dass ich Gott nichts Oberflächliches sagen kann. Ich ärgere mich über meine leeren Floskeln. Ich spüre, dass ich Gott meine Wahrheit hinhalten muss. So zwingt mich das laute Beten, wirklich das auszudrücken, was meine tiefste Wahrheit ist, Gott zu sagen, wie es wirklich um mich steht und was meine eigentliche Sehnsucht ist. Der dritte Weg besteht für mich darin, dass ich vor Gott schweige. Aber es ist kein leeres Schweigen, sondern ich öffne meine Seele vor Gott. Ich suche aber nicht nach Worten und vertraue darauf, dass vor Gott das in mir aufsteigt, was gerade wichtig ist. Da wird viel Unbewusstes in mir wach, was ich dann Gott vorlege.

Manche Leute würden gerne mit eigenen Worten beten, aber sie haben Schwierigkeiten das zu formulieren, was sie spüren. Den anderen fehlen die Worte.

■ Wenn mir die Worte fehlen, kann ich Gott einfach mein Herz vorlegen. Es kann mir dabei helfen, wenn ich meine Hände zu einer Schale öffne und mit dieser Gebetsgebärde alle Kammern meines Leibes und meiner Seele vor Gott öffne, damit sein Licht in mich eindringen kann. Wenn ich das Gefühl habe, schon alles gesagt zu haben, dann kann ich einfach vor Gott schweigen und horchen, was er mir zu sagen hat.

Kann man denn Gott hören? Wann spricht Gott zu uns?

■ Gottes Stimme höre ich normalerweise nicht mit den Ohren, da es keine vernehmbare Stimme ist. Aber wenn ich aufhöre zu reden und einfach vor Gott schweige, dann tauchen in mir Gedanken auf. Zwar sind es meine Gedanken, die mir durch den Kopf gehen, aber ich kann mich fragen, warum ich sie gerade jetzt denke. Und dann darf ich darauf vertrauen, dass Gott in meinen Gedanken zu mir spricht.

Da gibt es aber ein Problem. Einige unserer Gedanken scheinen nur fromm zu sein, stammen aber nicht von Gott. Wie kann man also gute und böse Eingebungen unterscheiden? Gibt es irgendwelche geistlichen Regeln dazu?

■ Die Mönche unterscheiden dreierlei Gedanken: Gedanken, die mir Gott eingibt, Gedanken, die von mir selbst stammen und Gedanken, die von den Dämonen kommen. Welche Qualität meine Gedanken haben, erkenne ich an ihrer Wirkung auf meine Seele. Gedanken, die von Gott kommen, führen mich in einen tiefen inneren Frieden, sie machen mich innerlich lebendig und frei. Allerdings ist das kein billiger Friede: Den inneren Frieden zu erreichen, den die göttlichen Gedanken in mir bewirken, ist gar nicht leicht und erfordert große Mühe. Diese Gedanken können mich zunächst durchaus verunsichern und durcheinander bringen. Doch wenn ich sie wirklich zulasse, erfahre ich, dass sie in mir eine innere Stimmigkeit schaffen. Und plötzlich spüre ich: Ja, genau das ist die Wahrheit! Die göttlichen Gedanken bringen mich zum Einklang mit mir selbst und daher zum Frieden.

Menschliche Gedanken sind oft oberflächlich. Gregor der Große meint sogar, er gehe dann in den Räumen seiner Phantasie spazieren. Diese Gedanken sind ohne Ziel. Ich denke mal dies, mal jenes. Es ist klar, dass mich solche Gedanken zerstreuen. Gedanken schließlich, die von den Dämonen kommen, schaffen in mir Angst und Enge. Manchmal tarnen sie sich und nehmen die Gestalt frommer Einfälle an.

Zum Beispiel:

▪ Wenn ich überlege, ob ich ins Kloster gehen soll oder nicht, dann kann ich in meiner Seele spüren, dass ich das eigentlich nicht will. Mein eigener Perfektionismus und mein Ehrgeiz sagen mir jedoch, dass ich dies tun soll, weil ich dann etwas Besonderes und besser als die anderen bin. Dann kann ich mich über die andern stellen. Oder ich kann mir sagen: Gott will immer das Vollkommene, und deshalb muss ich ins Kloster gehen, auch wenn sich meine Psyche und mein Leib dagegen wehren. Solche Gedanken kommen nicht von Gott, sondern von den Dämonen. Ganz anders verhält es sich, wenn ich bei den Überlegungen, ob ich ins Kloster gehen soll, zunächst Widerstand, aber in der Tiefe meiner Seele ein „Ja" spüre: Das führt mich wirklich zum Leben, das erfüllt meine tiefste Sehnsucht nach Gott. Diese Gedanken stammen von Gott. An der Auswirkung der Gedanken auf meine Seele und meinen Leib erkenne ich also, woher sie stammen – ob sie von Gott, von mir selbst oder von den Dämonen kommen.

Manche Menschen versuchen beim Gebet Gott zu manipu-
lieren und dazu zu zwingen, dass er ihre Wünsche erfüllt.
Welche Manipulationen kommen am häufigsten vor?

■ Der Mensch versucht zwar oft Gott zu manipulieren, ihn
für sich und seine Ziele zu benutzen. Gott soll der große Au-
tomat sein, der alle meine Wünsche sofort erfüllt. Oder Gott
soll der große Zauberer sein, der mir meine Probleme möglichst rasch und schmerzfrei wegzaubert. Doch Gott lässt
sich nicht manipulieren! Wenn ich Gott dazu benutze mich
meiner Probleme zu entledigen, dann werde ich auf meine
Probleme fixiert bleiben. Und ich werde enttäuscht sein,
dass Gott sie mir doch nicht nimmt. Ich werde dann versuchen noch mehr zu beten und wenn es immer noch nicht
klappt, die Schuld entweder auf mein mangelndes Vertrauen
oder auf Gott selbst zurückführen. Das Ergebnis kann zwei-
erlei sein: Entweder zwinge ich mich dann, immer mehr zu
beten und in mir größeres Vertrauen hervorzurufen, oder
aber ich rebelliere gegen Gott oder wende mich enttäuscht
von ihm ab. Ja, ich darf Gott um alles bitten. Ich darf mich
mit allen Problemen und Schwierigkeiten an Gott wenden.
Aber das Ziel des Gebets muss immer sein: „Dein Wille ge-
schehe." Mein Gebet darf Gott nicht manipulieren, sondern
es ringt mit Gott, damit ich mich mehr und mehr – mit immer größerer innerer Aufrichtigkeit – Gott hingeben kann,
um so wirklich frei und heil zu werden.

Die Menschen erleben jedoch meist, dass Gott schweigt.
Wie kann es zur Begegnung mit dem scheinbar abwesenden
Gott kommen?

■ Wir können im Gebet Gott nicht zwingen zu uns zu sprechen. Sein Schweigen ist für uns oft heilsam. Es zwingt uns,
unsere Bilder von Gott loszulassen und uns auf den unbegreiflichen und unsichtbaren Gott einzulassen. Gott ist immer der
ganz andere. Es gibt keine Gebetstechnik, die über Gott verfügen könnte. Gott ist unverfügbar. Und zu seiner Unverfügbarkeit gehört es, dass er schweigt und uns abwesend erscheint. Die Abwesenheit Gottes will mich innerlich

läutern, damit ich meine Projektionen nicht mehr mit Gott verwechsle und mich für das unbegreifliche Geheimnis Gottes öffne.

Wenn aber Gott auch zum Bösen schweigt? Man wirft Gott oft vor, zum Holocaust und zu anderen Genoziden geschwiegen zu haben. Wie kann man dies mit der göttlichen Gerechtigkeit und Barmherzigkeit vereinbaren?

■ Der Prophet Elija musste in die Schule Gottes gehen, um zu erkennen, dass dieser nicht im Erdbeben, im Sturm oder im Feuer erscheint, sondern im leisen Säuseln des Windes. Wir möchten gerne, dass Gott alles Böse mit Gewalt besiegt und aus der Welt verbannt. Doch Gott schweigt dazu, und das ist für uns eine große Anfechtung. Häufig höre ich, dass Menschen an Gott zweifeln, weil er den Holocaust zugelassen hat. Ich kann ihnen dann keine theologische Begründung für das Schweigen Gottes geben. Denn ich weiß nicht, warum Gott geschwiegen hat. Ich kann nur akzeptieren, dass Gott zum Bösen oft schweigt. Und ich kann mit meiner inneren Rebellion und meinem Unverständnis zu Gott kommen und mit ihm sprechen: Gott, du bist so anders, als ich mir dich vorstelle, aber ich halte dennoch an dir fest. Ich vertraue darauf, dass du alles richtig machst, auch wenn sich mein Herz oft gegen diese Welt und gegen dich auflehnt und dagegen rebelliert, dass du diese Welt in solch unheilem Zustand belässt. Und ich vertraue darauf, dass du trotz deines Schweigens der barmherzige Gott bist, der ein Herz hat für mich Armen.

Der Mensch muss aber den Sinn des Leidens verstehen, damit er es annehmen kann.

■ Ich kann nicht theoretisch über den Sinn des Leidens sprechen. Wenn mich ein Leiden trifft, dann kann ich es als Herausforderung für meinen spirituellen Weg betrachten. Das Leid kann mich läutern. Es zerbricht die Illusionen, die ich mir von mir und meinem Leben gemacht habe – etwa die Illusion, dass mein Leben immer gelingen muss, wenn ich nur spirituell lebe und die psychologischen Gesetze befolge. Im Leiden erfahre ich, dass ich mein Leben nicht in der Hand habe.

Die Frage, warum ich leide, kann ich nicht beantworten. Ich kann nur darüber nachdenken, wozu mein Leiden da sein könnte, welchen Sinn ich ihm geben könnte. Und da hilft mir ein Blick in die Bibel und die Betrachtung des Leidens Jesu. Dann fühle ich mich im Leiden nicht allein. Ich erfahre, dass ich gerade im Leiden eine innigere Gemeinschaft mit Christus erleben darf. Und Jesus lädt mich dazu ein, im Leiden nicht um mich zu kreisen, sondern es in den Dienst der Liebe zu stellen, also für andere Menschen zu leiden, damit es ihnen besser geht. Ich habe das bei meiner Mutter erlebt, die bewusst für ihre Kinder und Enkelkinder gelitten hat. Das ermöglichte ihr, in ihrem Leiden fröhlich zu bleiben und es innerlich bejahen zu können. Sie klagte nicht, weil sie spürte, dass ihr Leiden einen Sinn hat.

Der tiefste Sinn des Leidens besteht für mich jedoch darin, dass ich mich frage: Wer bin ich selbst? Was ist das menschliche Leben? Und wer ist Gott? Das Leiden befreit mich von meinen Illusionen und den selbst gemachten Bildern von mir und von Gott. Im Leiden erahne ich, wer Gott wirklich ist, und ich spüre, dass der Sinn des Lebens nicht darin besteht, möglichst lange und gesund zu leben, sondern mich in meinem Dasein für Gott zu öffnen, ganz gleich, ob ich gesund oder krank bin. Wichtig ist, meine ureigenste Spur in diese Welt einzugraben.

Kehren wir nochmals zum Thema des Gebets zurück. Die Wüstenväter sprechen im Zusammenhang mit dem Gebet über das Bedürfnis der „inneren Schau". Was meinen Sie damit und wie kann man die innere Schau erreichen?

■ Evagrius Ponticus spricht davon, dass der Mensch im Zustand der Kontemplation sein eigenes Licht zu sehen vermag. Er wird sich auf einmal klar, wer er in Wirklichkeit ist. Diese innere Schau sieht nicht etwas Bestimmtes, sondern ist eine innere Klarheit. Der Mensch kann sagen: Alles klärt sich, alles in mir wird hell. Ich sehe allem auf den

Grund. Ich erkenne auf einmal, dass alles gut ist und ich eins bin mit allem – mit mir, mit Gott und mit der Schöpfung. Papst Gregor der Große sagt vom heiligen Benedikt, dass er in einem einzigen Sonnenstrahl die ganze Welt erblickte. Auch das ist die innere Schau: Auf einmal fällt alles zusammen – alles ist klar, alles ist gut, alles wird hell. Und ich spüre: Da ist Gott, und in Gott wird alles licht und hell und gut.

Haben Sie keine Angst, dass man die Gotteserfahrung mit üblichen Gefühlserlebnissen verwechseln könnte? In den Augenblicken der Freude sieht man die Welt durch eine rosarote Brille – es muss sich also dabei nicht unbedingt um einen geistlichen Blick handeln.

■ Zweifellos besteht die Gefahr, dass die Menschen die Gotteserfahrung mit einem anderen starken Erlebnis oder einer Emotion verwechseln und deshalb meinen, dass sie beim Gebet oder beim Gottesdienst unbedingt etwas empfinden müssen. Dem ist jedoch nicht so. Wie ich bereits sagte, können Gefühle zu Gott führen, doch Gott selbst ist erst hinter allen unseren Gefühlen.

Kann man durch geistliche Übungen oder durch Training zur inneren Einsicht gelangen oder ist dies ausschließlich eine Gnade Gottes?

■ Zur innerer Einsicht kann man durch Meditation und durch das Verfolgen eines geistlichen Weges gelangen. Doch die Einsicht selbst ist immer eine Gabe, die wir nicht selbst erwirken können.

Einer der Wüstenväter sagte, dass nur eine Seele ohne Leidenschaften Gott begegnen könne. Warum sind die Leidenschaften so schädlich für das Gebet?

■ Evagrius Ponticus hat in seinem Buch *Über das Gebet* beschrieben, wie der Mensch beim Beten zuerst seinen Leidenschaften begegnet: seinem Ärger, seiner Sexualität und seinen Sorgen. Er muss diese Leidenschaften hinter sich lassen, dann erst tauchen in ihm fromme Gedanken, erhabene Gefühle oder schöne Bilder von Gott auf. Doch Gott – so sagt Evagrius – ist auch jenseits dieser Gedanken, Gefühle und Bilder. Daher besteht das wahre Beten im Einswerden mit Gott jenseits aller Leidenschaften. Aber das ist immer nur ein kurzer Augenblick. Die Leidenschaften halten mich vom Gebet ab, sie verfälschen mein Gebet und verleiten mich dazu, mein eigenes Gottesbild zu formen. Nur wenn die Leidenschaften in mir schweigen, kann ich in der reinen Stille meines Herzens mit Gott eins werden. In diesem Augenblick haben die Leidenschaften keine Macht über mich.

Können nur Mönche diesen Raum der inneren Stille erreichen, oder ist diese Erfahrung jedermann möglich?
■ In jedem Menschen ist der Raum der Stille vorhanden. Meist sind wir nur davon abgeschnitten. Eine dicke Betonschicht aus Sorgen und Problemen hat sich über diesen Raum der Stille gelegt. Indem wir im Gebet oder in der Meditation still werden und nach innen horchen, kommen wir in Berührung mit diesem Ort des Schweigens – wenn auch nur für einen kurzen Augenblick.

Dieser Raum des Schweigens ist der Ort, in dem Gott in uns wohnt. Zu diesem inneren Ort haben die Menschen mit ihren Ansprüchen und Erwartungen, mit ihren Urteilen und Verurteilungen keinen Zutritt, genauso wenig wie die eigenen Gedanken und Leidenschaften. Isaak von Ninive nennt diesen Ort: „die Schatzkammer des Inneren". Gerade hier in der Stille, wo Gott in mir wohnt, komme ich in Berührung mit meinem wahren Selbst, mit dem ursprünglichen und unverfälschten Bild Gottes von mir.

Wie kann aber der Mensch den inneren Raum der Stille bewahren in der heutigen hektischen Welt, wo eine ganze Reihe von Problemen und störenden Wahrnehmungen täglich auf uns einstürmt?
■ Mir persönlich hilft es, mich in kleinen Ritualen während des Tages immer wieder an den inneren Raum zu erinnern.

Ich suche im Laufe des Tages immer wieder die Möglichkeit, mich für ein paar Augenblicke zurückzuziehen. Diese Spielräume muss ich mir aber bewusst schaffen. Das hängt übrigens von der konkreten Lebenslage, in der ich mich befinde, ab. Wenn eine Frau ein Baby hat, kann sie sich nicht nach dem Aufwachen sofort der Meditation widmen. Manche Mütter sagten mir jedoch, dass sie z. B. im Bad fünf Minuten für sich haben. Das ist dann die Zeit, über die sie frei verfügen können. Ein solcher Augenblick gibt mir auch das Gefühl einer absoluten inneren Freiheit, ein Gefühl, dass ich den ganzen Tag nicht nur dauernd fremdbestimmt bin. Man sollte keinen Tag vergehen lassen, ohne sich ein paar Minuten für die Begegnung mit sich selbst und mit Gott zu nehmen. Natürlich bin ich nicht den ganzen Tag in Berührung mit dem inneren Raum. Aber gerade wenn viel auf mich einstürmt, versuche ich mir vorzustellen, dass da in mir ein Raum ist, wo Gott wohnt, und zu dem der ganze äußere Lärm mit seinen Problemen und Konflikten jetzt keinen Zutritt hat. Das gibt mir inneren Abstand und schafft in mir Weite und Freiheit.

Jemand sagte einmal, dass die meisten unserer Probleme ihren Grund darin haben, dass wir immer nur auf äußere Anstöße reagieren und zu wenig aus dieser Tiefe der Stille leben.
■ Ja, die transpersonale Psychologie sagt, dass die meisten Probleme daher rühren, dass wir immer nur auf äußere Anstöße reagieren. Wenn wir in einen Konflikt geraten, so jammern wir oder bemühen uns den Konflikt zu lösen. Das raubt uns sehr viel Energie. Deshalb sollten wir es vermeiden, unser Leben von den Konflikten bestimmen zu lassen. Wenn wir uns beim Ausbruch unserer Emotionen nicht in den Konflikt hineinziehen lassen, sondern kurz innehalten, entdecken wir in uns eine Stille, in der wir trotz aller äußeren Turbulenzen tiefen Frieden und Freiheit erfahren. Diese Einstellung wird dann zu unserer starken Waffe auch in den schwierigen Lebenssituationen. Denn sie ermöglicht uns, einen inneren Abstand zu den Konflikten zu wahren und gibt

uns Kraft, uns ihnen zu stellen. So hindern wir die Probleme daran, unser Leben zu bestimmen.

Sie schreiben oft über die heilbringende Macht des Gebetes. Können Sie kurz sagen, worin sie liegt?
■ Ich habe erfahren, dass Menschen gesund wurden, weil sie Gott um innere Heilung gebeten haben. Aber ich habe auch Menschen erlebt, die krank geblieben sind, obwohl sie inständig gebetet haben. Die heilbringende Macht des Gebetes besteht für mich nicht darin, dass Gott alle meine Krankheiten heilt. Vielmehr sehe ich die heilende Kraft des Gebetes darin, dass ich in meiner Krankheit mit dem inneren Raum der Stille in Berührung bin, in dem ich heil und ganz bin. Dort hat die Krankheit keine Macht über mich. Das führt dazu, dass ich selbst in der Krankheit innerlich voller Frieden bin und keiner Depression unterliege. Und das kann eventuell dazu führen, dass meine Krankheit geheilt wird. Aber das ist immer Gottes Wille, dem ich mich ergebe. Wenn ich mich im Gebet wirklich Gott zuwende, wird meine Seele heil, und die heile Seele wirkt sich manchmal bekanntlich in der Heilung des Leibes aus. Aber auch wenn der Leib weiterhin krank bleibt, erfahre ich im Gebet innere Heilung.

Haben Sie den Eindruck, dass in unserer Zeit die Bedeutung vorformulierter Gebete abnimmt? Viele Menschen im Westen halten heute wenig vom Rosenkranz. Warum ist seine Beliebtheit so gesunken?
■ Dabei sollte es genau umgekehrt sein: Heute haben wir aus dem Osten das mantrische Beten wieder gelernt, das den Atem mit einem Wort verbindet. Der Rosenkranz gehört zu diesem mantrischen Beten, ist aber gleichzeitig ein meditatives Gebet. Es kommt nicht darauf an, an die einzelnen Worte zu denken, sondern durch das Beten des Immerwiederkehrenden eine Atmosphäre der Ruhe und der Sammlung zu schaffen, die uns für Gott öffnet. Der Rosenkranz ist eine einfache Art der Meditation. Ich habe sie bei meiner Mutter erlebt, die jeden Tag nach dem Frühstück für ihre Kinder und

Enkelkinder zwei Rosenkränze betete. Dass sie in ihrem Alter noch etwas für andere tun konnte, gab ihr Halt und Trost. Statt zu jammern, betete sie den Rosenkranz, denn er war für sie eine Quelle der Lebensfreude.

VI. Mich erschreckt die Brutalität der Frommen

Vom Glauben und von der Psychologie

Die „Pflege der Seele" fällt heute immer mehr in die Kompetenz der Psychologie. Es scheint sogar, dass die Psychologie heute die Arbeit übernimmt, die der Theologie und der kirchlichen Seelsorge zusteht. Liegt das Ihrer Meinung nach an der Unfähigkeit der Kirche, dem Menschen von heute in verständlicher Weise Hilfe bei der Lösung seiner inneren Probleme anzubieten?

■ Die Kirche hat im Bereich der Seelsorge sicherlich an Kompetenz eingebüßt. Sie hat sich zu wenig um die Seele des Einzelnen gekümmert und die Struktur der Seele studiert, um ihr auf dem Weg der Menschwerdung angemessen helfen zu können. Sie müsste wieder die Weisheit der Wüstenväter lernen, die damals die eigentlichen Therapeuten für suchende Menschen waren.

In den Vereinigten Staaten ist es sehr populär, einen Psychotherapeuten zu haben. Handelt es sich da um ein rein amerikanisches Phänomen, um eine Mode, oder hat dies tiefere Ursachen?

■ Zunächst ist der regelmäßige Gang zum Therapeuten sicher ein amerikanisches Phänomen. Aber auch bei uns nimmt es zu. Vermutlich wurzelt dieses Phänomen im Verlust tragender zwischenmenschlicher Beziehungen. Früher konnte man vieles mit dem Freund oder der Freundin besprechen oder aber mit einem Priester im seelsorgerischen oder im Beichtgespräch. Heute ist dies nicht mehr so selbstverständlich. Man hat für sich selbst und für einen guten Gedankenaustausch immer weniger Zeit. Das gilt auch für die Seelsorge, in der die hektische Betriebsamkeit ein gutes Gespräch unmöglich macht.

Psychologen ersetzen heute für manche Menschen den Beichtvater. Hat da die Kirche Ihrer Meinung nach etwas vernachlässigt? Viele Gläubige sehen im Sakrament der Beichte nur die Erfüllung einer religiösen Pflicht.

■ Wir haben die Beichte zu einem leeren Ritual verkommen lassen. Zur echten Beichte gehört das Gespräch. Doch bei den Massenbeichten kommt das Gespräch zu kurz. Die Beichte wäre für viele Menschen ein gutes Angebot, über ihre Schattenseiten und über ihre Schuld zu sprechen und in der Absolution die bedingungslose Annahme durch Gott zu erfahren. Wir müssen also nicht nur neue Formen der Beichte – etwa das Beichtgespräch – finden, sondern auch die psychologische Ausbildung der Seelsorger fördern. Denn die Beichtenden suchen Menschen, die sie verstehen und ihnen auf ihrem geistigen Weg qualifiziert helfen können.

Dieses Problem gab es über Jahrhunderte hinweg. Auch als es genügend Priester gab, war die Beichte etwas Formelles. Bis vor kurzem benutzte man noch die so genannten Beichtspiegel, die eine Liste von schweren und leichten Sünden enthielten. Was halten Sie von dieser Beichtart, und wie sollte sich die Beichte konkret ändern?

■ Das Beichtverfahren war in den letzten Jahrhunderten tatsächlich übertrieben formell. Trotzdem bleibt aber die Beichte ein wichtiges heilendes Angebot der Kirche, das heutzutage auch etliche Psychotherapeuten anerkennen. Es würde uns deshalb sicher gut tun, diese psychotherapeutische Ebene des Sakraments der Versöhnung wieder zu entdecken. Die Menschen würden dann ihren Beichtvater öfter besuchen. Zwar nicht so oft wie etwa vor hundert Jahren, dafür aber in Augenblicken, in denen sie dies wirklich brauchen. Der Beichtspiegel bietet zwar eine gewisse Hilfe, darf aber natürlich nicht zu einem geistlosen Formalismus führen. Er sollte lediglich Anregungen zur eigenen Gewissenserforschung geben.

In Ihren Büchern verbinden Sie oft den Blick des Glaubens mit dem Blick der Psychologie. Besteht für eine aktuelle geistliche Begleitung die Möglichkeit, ohne die Erkenntnisse der modernen Psychologie auszukommen?

■ Wer andere geistlich begleitet, muss die Seele des Menschen kennen. Die geistliche Tradition hat sicher viel Weisheit im Umgang mit der menschlichen Psyche erworben. Aber das spirituelle Wissen muss heute mit dem Wissen der Psychologie verbunden werden, damit wir den Menschen gerecht werden. Wer heute ohne psychologische Kenntnisse den Menschen spirituell begleitet, kann ihn – wegen nicht rechtzeitig entdeckter pathologischer Züge, Neurosen, innerer Verletzungen oder falscher Vorstellungen – auch in krankhafte Ideale und Wege hineinführen.

Worin sehen Sie den Hauptbeitrag der Psychologie bei der Lösung religiöser Fragen? Was kann die Psychologie dem Glauben anbieten?

■ Die Psychologie löst nicht die religiösen Fragen. Aber sie fordert uns auf, unseren Glauben danach zu befragen, wo er sich auf infantile Vorstellungen stützt, wo er zur Flucht vor der Realität der eigenen Seele einlädt. Die Psychologie hat also eine kritische Funktion gegenüber der Religion. Doch gerade die Psychologie C. G. Jungs und die transpersonale Psychologie haben mir auch Vertrauen in meinen spirituellen Weg geschenkt. Sie haben mir gezeigt, dass mein spiritueller Weg auch zu psychischer Gesundheit führt und meinem Leben Sinn gibt.

Der Vorteil der Psychologie besteht allgemein darin, dass sie die Seele als Ganzes betrachtet. Sie hilft mir, mir meiner gesamten Existenz bewusst zu werden. Meine Beziehung zu Gott kann nämlich nur dann lebendig sein, wenn ich fähig bin, alles, was in mir verborgen ist, vor ihn zu bringen. Ich begegne oft frommen Menschen, die nur mit einem Teil ihrer selbst vor Gott treten. Sie sind nicht in der Lage, ihm auch die tiefen Verletzungen ihrer Seele vorzulegen. Deshalb kann ihr Verhältnis zu Gott nicht lebendig sein. Die Psychologie hilft mir also, mit meinen eigenen Verletzungen fertig zu werden, kann jedoch meinem Leben keinen Sinn geben, da dies nur der Glaube vermag. Um mit meinen Problemen vor Gott treten zu können, muss ich sie allerdings zunächst einmal erkennen. Erst dann kann es bei mir zu einer inneren Verwandlung und Genesung kommen.

Die Psychologie hat hinsichtlich des Geistlichen die bereits erwähnte kritische Aufgabe. Sie kann z. B. aufdecken, dass man mittels der Spiritualität nur seinen Weg absichern möchte. Sobald die Spiritualität für den Menschen zum Mittel wird, mit dem man Probleme wegräumt oder ihnen ausweicht, kann eine solche geistliche Praxis – oder sogar Gottesvorstellung – zur Droge werden. Die Psychologie bietet also ein wichtiges Kriterium für die Echtheit des Glaubens: Dort, wo der Glaube und das spirituelle Leben zum Aufleben, zur inneren Freiheit, zum Frieden im Herzen und zum Einklang mit sich selbst führen, handelt es sich um einen gesunden Weg.

Manche Gläubige warnen vor der Gefahr der Psychologisierung des Glaubens. Unter welchen Umständen könnte die Psychologie den Glauben ersetzen?
■ Die Psychologie darf für den Glauben nicht die letzte Norm sein. Der Glaube geht über die Psychologie hinaus. Er muss sich aber mit der Psychologie auseinander setzen. Doch das Ziel des Glaubens ist nicht in erster Linie psychische Gesundheit, sondern die Offenheit für Gott und die Erfüllung unserer menschlichen Sehnsucht in Gott.

Wir fragen auch deshalb, weil der Mensch aus psychologischer Perspektive einiges entschuldigen könnte und dann im spirituellen Bereich die Dinge nicht mehr beim Namen nennt. Manche Schuld lässt sich geschickt auf eine innere Verletzung zurückführen ...
■ Bei allem Verständnis für unser Verhalten, das oft von unseren Verletzungen und Ängsten bedingt ist, gibt es die reale Schuld, die auch die Psychologie kennt. Mit ihr muss man

zu Gott kommen. Der Psychologe kann uns nur die Ursachen für unser Verhalten erklären. Und er kann uns aufzeigen, wie wir mit unserer Schuld umgehen können, damit sie uns nicht erdrückt. Er kann sie aber nicht auflösen und uns Vergebung schenken.

Wir sprachen darüber, dass Ihre Bücher von vielen jungen Menschen gelesen werden, die dabei sicher andere Probleme und eine andere Mentalität als Ihre eigene Generation haben. Ist es heute schwieriger, den jungen Menschen zu fesseln oder für ein geistliches Leben zu gewinnen?

■ Ich war 25 Jahre lang in der Jugendarbeit tätig. Dort habe ich die spirituelle Sehnsucht der jungen Menschen schätzen gelernt. Natürlich gibt es heute auch viele Jugendliche, die wenig Interesse am Glauben zeigen. Das liegt aber oft eher am äußeren Einfluss, der auf sie wirkt, als an einer wirklichen Gleichgültigkeit. Ich denke, dass junge Menschen für Fragen des Glaubens aufgeschlossen sind, wenn wir uns bemühen eine Sprache zu finden, die sie anspricht und ihr Herz berührt. Deshalb ist es wichtig, jungen Menschen eine authentische spirituelle Erfahrung zu vermitteln. Dann lassen sie sich auch gerne darauf ein. Junge Leute mögen einfach keine abgestandenen, überlebten oder konventionellen Formen, hinter denen sie kein echtes Leben, sondern nur Gewohnheit erkennen. Es geht ihnen um ein authentisches Erlebnis und nicht darum sich einzuordnen.

Sie haben daran erinnert, dass Sie bis zum Anfang Ihres Theologiestudiums sehr hart zu sich selbst waren. In welchem Sinne?

■ Als ich ins Kloster eintrat, wollte ich wie der König im Gleichnis von Jesus (Lk 14,31f) mit seinen zehntausend Soldaten in den Kampf gegen alle meine Fehler und Schwächen ziehen. Ich habe mich auf die Kraft meines Willens verlassen und dachte: Wenn ich nur will, dann schaffe ich das auch. Dabei habe ich zu wenig meine wirklichen Bedürfnisse und Sehnsüchte berücksichtigt. Bei diesem Versuch bin ich natürlich gescheitert, da mich meine Fehler und Schwächen immer wieder einholten. Gott zeigte mir dann einen anderen Weg, den der Barmherzigkeit.

Was hat Ihnen damals am meisten geholfen?
■ Zu meiner inneren Befreiung hat die Begegnung mit der Psychologie und die Praxis der Meditation beigetragen. Vor allem hat es mir geholfen darüber mit meinen Mitbrüdern zu sprechen und mit ihnen gemeinsam einen spirituellen Weg zu gehen, der in die Freiheit und Lebendigkeit führt.

Was haben Sie konkret von der Zen-Meditation und von der Jungschen Psychologie gelernt?
■ Von der Zen-Meditation habe ich einmal das stille Sitzen gelernt und die Haltung dieses Sitzens. Und ich habe gelernt, dass es nicht um Nachdenken geht, sondern um das reine Dasein im Augenblick, um einen Weg in die innere Mitte. Von der Jungschen Psychologie habe ich gelernt, dass die Religion wesentlich zum Menschen gehört. Die Beschäftigung mit C. G. Jung hat mich ermutigt, die Symbole der Liturgie und die Bilder der Bibel neu zu deuten und zu verstehen. Und zugleich habe ich von Jung gelernt, auf die Wirkung zu achten, die die Spiritualität auf Menschen hat. Immer wenn Spiritualität den Menschen eng und krank macht, entspricht sie nicht dem Geist Jesu. Spiritualität hat auch wesentlich mit dem Prozess der Selbstwerdung des Menschen zu tun. Wer sich auf einen spirituellen Weg macht, der findet zu seinem wahren Selbst. Aber auf diesem Weg muss er die eigene Wirklichkeit, gerade auch mit ihren Schattenseiten, anschauen und an ihr arbeiten.

Sie haben auch geschrieben, dass ins Kloster Menschen eintreten sollten, die die Lust am Leben suchen. Warum ist dies so wichtig?
■ In meiner Arbeit in unserem Recollectiohaus – einem Haus für Priester und Ordensleute, die in Krise geraten sind – merke ich, dass viele Priester oder Ordensleute ihren

geistlichen Weg nicht deshalb gewählt haben, weil sie die Lebensfreude suchten. Sie sind aus dem Leben geflüchtet. Wer ins Kloster geht, um den Lebensproblemen auszuweichen und in der Ordensgemeinschaft einen bequemeren Weg zu suchen, kann hier kaum Gott finden. Gott ist nämlich nur dort, wo wirkliches Leben ist. Im Johannesevangelium heißt es von Jesus: „In ihm war das Leben" (1,4) und im Brief des Johannes steht: „In Christus ist das Leben erschienen"(1 Joh 1,2). Nur wer das Leben sucht, wird auch Gott finden. Und umgekehrt gilt: Nur wer wahrhaft Gott sucht, findet das Leben in Fülle. Wenn ins Kloster nur lebensverneinende Menschen eintreten, wird vom Kloster kein Leben ausgehen. Es wird nicht Christus verkünden, den Lebensstifter, sondern ein selbstgemachtes Gottesbild.

Manche junge Menschen träumen davon, möglichst bald „im Himmel zu leben", also spirituelle Menschen zu werden. Dieses Ideal verfolgen sie oft sehr radikal.

■ Wenn junge Menschen nur spirituell sind und ganz euphorisch von ihren religiösen Erfahrungen berichten, dann höre ich sie an und nehme ihre Erfahrungen ernst. Aber dann frage ich nach ihrem konkreten Leben, nach ihren täglichen Ritualen: „Wann stehst du auf? Wie gelingt dir deine Arbeit? Wie studierst du? Wie sind deine Beziehungen?" Ich betone das konkrete Leben, damit sie nicht abheben, sondern ihre Spiritualität in den Alltag integrieren. Sonst wäre ihre Spiritualität nur Flucht vor dem Alltag, narzisstisches Kreisen um sich selbst. Die Gefahr sehe ich bei manchen labilen jungen Menschen, die sich die Spiritualität aussuchen, um interessant zu wirken, und sich nur mit sich selbst beschäftigen.

Ferner gibt es hier die schon erwähnte Gefahr: Wenn ich mich selbst zu ideal sehe, werde ich alles, was diesem idealen Bild nicht entspricht, ausstoßen oder verdrängen wollen. Diese unterdrückten negativen Eigenschaften tauchen jedoch mit der Zeit in meinem Leben wieder auf und ich werde sie in andere Menschen hineinprojizieren und diese bekämpfen und verurteilen.

Aufgrund meiner eigenen Erfahrungen als Seelsorger mit Priestern, Ordensleuten und gläubigen Laien konnte ich feststellen, dass es im Menschen zwei Grundkräfte gibt, die dem Ideal, das er sich von sich selbst gemacht hat, widersprechen. Deshalb versuchen wir diese zu verdrängen. Es handelt sich um die beiden wichtigsten Lebensenergien: um die Aggression und die Sexualität. Das Problem dabei ist, dass wir zur Verdrängung oder Unterdrückung dieser mächtigen Kräfte unsere ganze Lebensenergie verbrauchen, wobei das Ergebnis höchst fragwürdig ist.

Warum sind die Gläubigen gerade durch die Sexualität beunruhigt und traumatisiert, obwohl doch Habsucht oder religiöser Hochmut für die Spiritualität des Menschen viel gefährlicher sind?

■ Alle Kulturen und Religionen sehen die Sexualität als etwas Faszinierendes, aber zugleich als etwas, das den Menschen um den Verstand bringen kann. Spirituelle Menschen erleben die Sexualität als eine eigene Kraft, die ihre spirituellen Gedanken stört und sie aus dem inneren Gleichgewicht bringt. Die Verdrängung der Sexualität hat aber auch ihre Ursache in einer tiefen Angst vor der Sexualität, wie sie vor allem die römisch-katholische Sexualmoral seit Jahrhunderten geprägt hat. Sie war viel zu sehr auf die Unterdrückung der Sexualität konzentriert, statt sich mit ihrer Verwandlung zu beschäftigen. Sie hat die Sexualität nicht als Quelle der Spiritualität gesehen, wie das die Mystik immer tat.

Können Sie konkreter werden? Für viele ist die Verbindung der Sexualität mit der Mystik unvorstellbar.

■ In der Mystik sowie in der Sexualität geht es um eine Ekstase, es geht darum, sein eigenes Ich untergehen zu lassen, sich selbst zu vergessen. In der Sexualität lässt man sein eigenes Ich in der Liebe zu einem Menschen aufgehen, doch in dieser menschlichen Liebe kann man auch etwas von der unendlichen Liebe Gottes erahnen. In der Mystik suche ich dieselbe Erfahrung – die Vereinigung in der Liebe Gottes. Erinnern wir uns daran, dass die Mystiker ihre Erfahrung mit Gott immer mit Hilfe einer erotischen Sprache ausdrücken, da diese am besten beschreiben kann, was Gott dem Menschen gibt, wenn er eins mit ihm wird.

Wie soll der junge Mensch in der kirchlichen Gemeinschaft oder in der Familie zu einer gesunden Auffassung von Sexualität gelangen, wenn dieses Thema oft tabuisiert und die Sünde in diesem Bereich „überschätzt" wird?

■ Wichtig ist, dass der junge Mensch freundlich umgeht mit seiner Sexualität, dass er sie als ein Gottesgeschenk versteht. Aber zugleich muss er lernen, im Umgang mit seiner Sexualität frei zu bleiben und sich nicht von ihr bestimmen oder gar innerlich spalten zu lassen. Paulus sagt von der Sexualität: „Alles ist mir erlaubt – aber nicht alles nützt mir. Alles ist mir erlaubt, aber nichts soll Macht haben über mich" (1 Kor 6,12). Die Sexualität ist gut. Aber sie darf keine Macht über uns gewinnen, sonst beherrscht sie uns und wirft uns aus unserer Mitte.

Sprechen wir noch über die zweite Kraft: die Aggression. Wo kann man ihr in der Kirche begegnen?

■ Zunächst muss man festhalten, das die Aggression diejenige Kraft ist, die das Verhältnis von Nähe und Distanz klärt. Aggression bedeutet eigentlich, auf etwas zugehen, etwas anpacken, etwas in die Hand nehmen. Die Aggression darf auf keinen Fall zur Selbstaggression werden, wie sie in manchen Formen der Frömmigkeit vorkommt, und darf nicht direkt gegen einen anderen Menschen gerichtet werden.

Welche Ursachen haben diese ungesunden Formen der Aggression im spirituellen Leben?

■ Die Wurzeln dieser Haltungen, in denen man gegenüber sich selbst – und im Namen Gottes oft genug auch anderen gegenüber – sehr aggressiv ist, gründen oft in der Erfahrung innerer Verlassenheit. Wer sich als Kind nicht als willkommen erlebt hat, richtet die Wut, die er eigentlich gegen seine

Eltern hat, gegen sich selbst. Er ist sich gegenüber aggressiv, ja oft sogar destruktiv, weil das für ihn die einzige Art ist, sich selbst zu spüren.

Als eine besondere Form von Aggressivität gegen sich selbst gilt auch der Perfektionismus?
■ Der Perfektionist möchte alle Fehler mit Gewalt ausmerzen. Das ist unmenschlich. Denn der Mensch ist nicht Gott, sondern ein Mensch. Und dazu gehören auch Schwächen und Schattenseiten. Nur wenn der Mensch sich selbst annimmt mit allem, was in ihm ist, kann er sich wandeln und auf seinem inneren Weg weiterkommen. Wer gegen seine Fehler ankämpft, ist ständig auf sie fixiert und kommt nie von ihnen los. Die Fehler werden eine so starke Gegenkraft entwickeln, dass er gegen sie machtlos wird oder immer grausamer mit sich selbst umgeht – und das führt zu einer noch größeren Härte zu sich selbst und infolgedessen auch zu den anderen.

Manche Leute halten in diesem Zusammenhang Jesu Wort dagegen, dass wir vollkommen sein sollen, „wie unser himmlischer Vater vollkommen ist".
■ Das griechische Wort, das Jesus im Matthäusevangelium gebraucht (Mt 5,48), ist *teleios*. Es heißt: vollkommen, auf ein Ziel gerichtet, ganz, vollständig. Jesus meint nicht den perfekten Menschen. Vielmehr zeigt er auf, dass der Mensch, der sich im Gebet als Sohn und Tochter Gottes erfahren hat, zu einem neuen Verhalten fähig ist. Und indem er sich neu verhält, hat er Anteil an Gott, erlebt er, wie Gott ist. Nicht nur das Gebet, sondern auch das Verhalten führt zur Gotteserfahrung. Und umgekehrt führt eine echte Gotteserfahrung zu einem neuen Verhalten und Handeln. Jesus meint nicht den fehlerfreien Menschen, sondern den neuen Menschen, der von Gottes Geist geprägt und daher fähig ist, auch den Feind zu lieben und den Riss, der durch die menschliche Gesellschaft geht, zu heilen.

Liegt die Ursache des aggressiven Verhaltens im geistlichen Leben vielleicht in der harten und einseitigen Erziehung oder darin, dass ein positives Männervorbild in der Familie fehlt?

■ Eine Ursache für die Aggressivität im geistlichen Leben ist sicher die Vaterentbehrung. Wer den Vater nicht als ordnende Kraft erfahren hat, der hat kein Gespür für eine heilende Ordnung. Bei ihm wird die Ordnung übertrieben ausfallen. Und wer den Vater nicht als den erlebt hat, der ihm den Rücken stärkt, der sucht sich starre Normen als Rückgratersatz. Er wird unbeweglich und erstarrt. Wenn man ihm helfen will, kann man nicht direkt gegen seine Aggressivität vorgehen. Vielmehr ist es wichtig, dem autoaggressiven Menschen mit Wohlwollen zu begegnen und ihm Wege aufzuzeigen, wie er sich mit seiner Vaterentbehrung aussöhnen und sich selbst annehmen kann.

Sie haben einmal geschrieben, dass unterdrückte Leidenschaften zu einer Härte im Gewissen führen. Können Sie diese Idee genauer entfalten?

■ Es ist ein psychologisches Gesetz, dass sich die Aggression, mit der ich gegen meine Leidenschaften kämpfe, in meinem Gewissen festsetzt. Das gilt vor allem bei der Unterdrückung der Sexualität. Gerade Menschen, die ihre Sexualität aggressiv bekämpfen, merken oft gar nicht, dass ihr Gewissen zu einem unbarmherzigen Richter geworden ist, nicht nur sich selbst, sondern auch anderen gegenüber. Der Schweizer Therapeut Furrer meint dazu: „Brutalität ist immer verdrängte Sexualität." Auf dieses Problem kann man ziemlich oft gerade unter Christen stoßen. Es ist ja die Brutalität mancher Frommen, die ihre verdrängte Sexualität ausleben, indem sie andere brutal bekämpfen und sie als unmoralisch und lax beschimpfen. Auch viele Fundamentalisten gehen sehr brutal mit den Christen um, die nicht die gleichen Ansichten haben oder ein bisschen anders leben, als es diese „Frommen" für richtig halten.

Neben dem strengen Gewissen gibt es auch ein ängstliches bzw. skrupulöses Gewissen. Handelt es sich in diesem Fall um das gleiche Problem?

■ Ja. Das skrupulöse Gewissen ist eine Form der Selbstaggression. Man verurteilt sich ständig selbst. Die meisten skrupulösen Christen, die ich kennen gelernt habe, kreisen immer wieder um ihre Sexualität. Sie beschimpften sich, weil sie z. B. bei der Kommunion sexuelle Phantasien über den Priester haben. Sie leben ihre unterdrückte Sexualität unbewusst aus, indem sie sie ständig beim Priester beichten müssen und ihm mit ihrem ständigen Kreisen um dieses Thema auf die Nerven gehen.

Warum treffen wir auf diese rigorose Spiritualität gerade bei spirituell angelegten Menschen, denen die nötigen religiösen Kenntnisse nicht fehlen und die wissen, dass Gott barmherzig ist?

■ Wir müssen unterscheiden zwischen unseren bewussten und den unbewussten Gottesbildern. Bewusst glauben wir oft an den barmherzigen Gott. Aber in unserem Unbewussten liegen noch die Bilder unserer Kindheit, das Bild des strengen Richtergottes, das Bild des Buchhaltergottes, das Bild des Willkürgottes. Diese Gottesbilder haben ihre Ursache weniger in der religiösen Erziehung als in unserem Erleben von Vater und Mutter. Gegen dieses urkindliche Erleben kommen die theologischen Einsichten oft nicht an.

Könnten Sie ein konkretes Beispiel einer solchen Projektion nennen?

■ Wie ich schon erwähnte, projiziert der Mensch seine Vater- oder Muttererfahrung oft auf Gott. Wenn der Vater zum Beispiel unzuverlässig war, dann hat der Mensch ein Grundmisstrauen gegenüber Gott. Dann hat er in seiner Seele das Gefühl, dass Gott ihm willkürlich all seine Pläne durchkreuzt und ihm nichts gönnt. Diese krank machenden Projektionen können nur geheilt werden, indem man an die Wurzeln geht, an die frühkindlichen Erfahrungen. Man muss diese nochmals durchleben, um sich dann von ihnen distanzieren zu können. Dabei braucht man die Aggression, die diese lebensverneinenden Bilder aus der Seele herauswirft. Nur so schafft man Raum für die heilenden Bilder der Bibel.

Und welche heilenden Bilder bietet die Bibel?
■ Neben der genannten grundlegenden Vater- oder Muttererfahrung gibt es in uns auch ein archetypisches Bild Gottes, das über die persönliche Erfahrung hinausgeht. Die Bibel führt uns die heilenden Aspekte dieses Gottesbildes vor Augen. Im Alten Testament sind sie z. B. in den Psalmen und in den Texten der Propheten enthalten, die die vergebende mütterliche Liebe Gottes zu seinem Volk und zu jedem Einzelnen verkünden. Jesus zeigt uns dann den Gott, der uns nicht beurteilt, sondern uns Mut macht. Er stellt ihn als barmherzigen Vater dar, der seinen verlorenen Sohn umarmt und geduldig wartet, bis sich der Mensch zu ihm wendet. Die heilenden biblischen Bilder stellen uns also Gott zum einen als Vater dar, der seinen Kindern gibt, was sie brauchen, und zum anderen als Mutter, die Zuflucht, Sicherheit, Ruhe und Heimat bietet. Gleichzeitig überragt Gott sämtliche Werte unserer irdischen Eltern.

Hat sich die Kirche in der Vergangenheit nicht selbst an der Schaffung dieser falschen und angsterfüllten Gottesvorstellungen beteiligt?
■ Hier muss man gut unterscheiden. Die Kirche selbst als ganze hat nie ein Gottesbild geschaffen, geschaffen haben es immer irgendwelche konkreten Menschen. Andererseits ist es wahr, dass die Kirche diese falschen Gottesbilder durch eine Theologie unterstützt hat, die mehr mit Angst als mit Vertrauen arbeitet. Wer Angst verbreitet, bekommt Macht über den Menschen. Wer dem Menschen ein schlechtes Gewissen einimpft, übt auf subtile Weise Macht aus über ihn. Diese Versuchung macht leider auch vor der Kirche nicht halt.

Es gibt auch Priester, die ein ungesundes Gottesbild verbreiten. Ein Priester, der Angst vor Gott hat, wird diese Vorstellung auch weitergeben. Ich kenne eine ganze Reihe von Priestern, die eine gute bodenständige Theologie studiert haben und theoretisch an die Barmherzigkeit Gottes glauben, in ihrem Unterbewusstsein jedoch Angst haben, dass Gott auch tyrannisch sein könnte. In einem solchen Fall kann dieser Mensch trotz richtiger Theologie ein falsches Gottesbild weitergeben. Betrachten wir jedoch die Geschichte der Kirche, stellen wir fest, dass gute Theologen meist ein richtiges Bild von Gott hatten. Andererseits gibt es auch eine ganze Reihe schlechter Verkündiger von Gottes Wort, die Angst aufkommen ließen oder Gott nur missbrauchten, um Macht über andere zu gewinnen.

Allgemein kann man jedoch sagen, dass die erste Ursache der angsterfüllten Gottesvorstellungen in der frühkindlichen Erziehung liegt.

Die falschen Gottesbilder sind oft mit einer übertriebenen Strenge in Fragen der Moral verbunden. Wo liegt Ihrer Meinung nach die Gefahr des Rigorismus im geistlichen Leben? Ist es wichtig, sich damit zu befassen?

■ Rigorismus macht den Menschen krank, weil er ihn zwingt vieles in sich abzuspalten. Rigorismus führt auch zur Spaltung in Gesellschaft und Kirche, denn rigorose Menschen können kaum eine Gemeinschaft bilden. Da die Kirche wesentlich Gemeinschaft ist, darf sie vor diesem Problem nicht die Augen verschließen. Klostergemeinschaften, die lauter rigorose Menschen aufgenommen haben, sind in kurzer Zeit an inneren Grabenkämpfen zerbrochen. Daher geht es im Aufdecken der Ursachen des Rigorismus letztlich um die Zukunft der Kirche.

Der Titel eines Ihrer Bücher lautet: „Gut mit sich selbst umgehen." In der Kirche hören wir diesen Satz jedoch nicht so oft, vielmehr spricht man dort über Selbstverleugnung, Demut, Fasten, Kreuz usw. Warum ist es notwendig, gut zu sich selbst zu sein?

■ Jesus sagt im Lukasevangelium: „Seid barmherzig, wie es auch euer Vater ist" (Lk 6,36). Barmherzig sein heißt aber, gut mit sich umgehen, ein Herz für das Arme, das Schwache und Alleingelassene in sich selbst haben. Gut mit sich selbst umgehen ist nur ein anderer Ausdruck für die Barmherzigkeit, die sowohl nach dem Matthäusevangelium („Barmherzigkeit will ich, nicht Opfer.") als auch nach dem Lukasevangelium die Person Jesu kennzeichnet und auch die Haltung des Christen sein soll. Jesus selbst sagt: „Liebe deinen Nächsten wie dich selbst." Ich kann den anderen also nur lieben, wenn ich auch mich selbst liebe.

Wie kann man die Selbstliebe von der Eigenliebe unterscheiden?
■ Der Begriff der Eigenliebe meint etwas ganz anderes: Ich kreise nur um mich. Ich verabsolutiere die Selbstliebe, ohne den anderen Pol der Nächstenliebe zu leben. Auch das führt zu Einseitigkeit und Spaltung. Nur wer die gesunde Spannung zwischen Selbstliebe und Nächstenliebe lebt, lebt gesund und bleibt lebendig.

Was bedeutet es aber konkret „gut mit sich selbst umzugehen"?
■ Es bedeutet bestimmt nicht, allen seinen eigenen Wünschen und Bedürfnissen nachzugeben. Das wäre eine schwächliche Haltung. Derjenige, der jede Sehnsucht gleich erfüllt haben muss, wird nie ein starkes „Ich" entwickeln können. Gut mit sich selbst umgehen heißt im Grunde, seine eigene Existenz akzeptieren – nur dann kann man sich ändern und etwas in sich heranwachsen lassen. Gut mit sich selbst umgehen heißt also nicht, dass man auf der Stelle stehen bleibt. Im Gegenteil, ich vertraue darauf, dass der gute Kern in mir immer deutlicher zu Tage tritt. Damit es aber tatsächlich dazu kommt, muss ich mir selbst feste Grenzen setzen, was aber nicht bedeutet, dass ich mir selbst gegenüber unbarmherzig bin.

Über das Bedürfnis, sich selbst anzunehmen, schrieb übrigens C. G. Jung. Für ihn ist die Selbstannahme eine Weise der Nachfolge Christi. Stimmen Sie da mit Jung überein?
■ Die „Selbstannahme" ist sicher die psychologische Seite der Selbstliebe, wie sie Jesus fordert. Insofern hat Jung hier eine wichtige Forderung Jesu in seine psychologische Sprache übersetzt. Da stimme ich mit Jung überein.

Erfahren Sie auch immer wieder, dass manche Priester und Ordensleute innerlich unversöhnt und gespalten sind?
■ Ja. Manchmal erschreckt es mich, wie sehr Priester, die jahrzehntelang die Barmherzigkeit Gottes verkündet haben, innerlich unzufrieden oder unglücklich sind. Oder ich erlebe Ordensfrauen, die sich jahrelang für Kranke eingesetzt haben und nun im Alter verbittert sind. Dies zeigt, dass sie nicht gut mit sich und ihren Bedürfnissen umgegangen sind. Wer nur auf andere zugeht und dabei die eigenen Bedürfnisse vernachlässigt, den werden die unterdrückten Sehnsüchte irgendwann einholen und mit einer solchen Intensität überraschen, dass er nur noch Enttäuschung und Bitterkeit fühlt. Und auf einmal ist er egozentrischer als alle anderen, auf die er in seiner Spiritualität herabschaut. Oft begegne ich auch Menschen, die innerlich zerrissen sind und ihren Zwiespalt nach außen tragen. Es sind auch Priester darunter, die ihre Pfarrgemeinden spalten, weil sie in sich selbst gespalten sind. Und mich erschrecken auch jene Menschen, denen es zwar nicht an Frömmigkeit mangelt, die aber nicht fähig sind, mit sich selbst sowie mit anderen barmherzig und einfühlsam umzugehen.

Sollte sich ein Mensch, der unfähig ist normale menschliche Beziehungen einzugehen, auf den geistlichen Weg begeben?
■ Es wäre fatal, wenn nur junge Menschen einen geistlichen Beruf ergreifen, die unfähig sind normale menschliche Beziehungen einzugehen. Sie würden ja ihre Beziehungsunfähigkeit zum Zölibat ideologisieren. Nicht das ist aber der Sinn der Ehelosigkeit um des Himmelreiches willen (vgl. Mt

19,12), wie sie Jesus versteht. Ehelos um des Himmelreiches willen kann nur der leben, der beziehungsfähig ist und somit Beziehung stiften kann. Junge Leute, die den geistlichen Beruf ergreifen, müssen noch nicht reif sein. Aber sie müssen bereit sein, sich auf einen Reifungsprozess einzulassen.

Sie haben einmal gesagt, dass Sie manchmal erschrecken, wenn sie auf fromme Leute treffen, die unbarmherzig sind. Wo treffen Sie auf solche Leute?
■ Manchmal erlebe ich bei Vorträgen Menschen, die sehr unbarmherzig über andere urteilen. Oder ich bekomme Briefe von Leuten, die mich in die Hölle wünschen. Dann bin ich erschüttert darüber, wie viel Aggressivität in dieser Frömmigkeit steckt. Können solche Leute nur dann an Gott glauben, wenn sie denken, dass möglichst viele in die Hölle kommen? Da stimmt doch etwas nicht. Was mussten sie wohl alles unterdrücken, um so hart zu werden?!

Sie schrieben einmal: „Wer andere Menschen beobachtet, ob ihr Leben äußeren Normen entspricht, wie es die Pharisäer taten, der tötet sie." Das sind ziemlich starke Worte ...
■ Jesus selbst stellt den Pharisäern, die ihn beobachten, ob er am Sabbat heilen würde, die Frage: „Was ist am Sabbat erlaubt: Gutes zu tun oder Böses, ein Leben zu retten oder zu vernichten?" (Mk 3,4). Jesus ist also überzeugt davon, dass derjenige, dem die Normen wichtiger sind als die Heilung eines Menschen, Böses tut, dass er letztlich tötet. In einem Klima der absoluten Gesetzlichkeit kann man nicht leben, da erstarrt man, da stirbt man.

Andererseits geben Sie zu, dass Aggression auch eine positive Rolle hat. Wie kann sie für den Christen nützlich sein?
■ Wie ich bereits sagte, die Aggression hat einmal die Funktion, das Verhältnis von Nähe und Distanz zu klären. Sie ist die Kraft, die mir ermöglicht, einen gewissen Abstand zu den anderen zu nehmen und mich ihrem Einfluss in meinem Leben zu entziehen. Die Aggression hilft mir den, der mich ver-

letzt hat, aus mir hinauszuwerfen und mich von ihm zu distanzieren. Auf diese Weise verlieren auch die negativen Gefühle gegenüber dem, der mich verletzt hat, ihre Macht über mich. Aber ich darf nicht bei der Aggression stehen bleiben. Wenn ich eine gesunde Distanz zu dem Menschen habe, der mich verletzt hat, muss ich ihm auch vergeben.

Sollte ich ihm nicht gleich vergeben? Das Christentum verkündet doch nicht die Aggression, sondern die Vergebung?
■ Das ist wahr. Die Aggression ist oft ein Weg, überhaupt zur Vergebung zu kommen. Die Vergebung steht nämlich nicht am Anfang der Wut, sondern am Ende. Sie überwindet die Wut und führt zur Versöhnung mit dem anderen Menschen. Vergeben heißt, das verletzende Verhalten beim anderen zu lassen, es nicht mehr auf mich zu beziehen. Vergeben heißt: „Du darfst so sein, wie du bist. Dein Verhalten hat mir weh getan. Aber ich lasse es bei dir. Ich mache dir keinen Vorwurf mehr. Ich wünsche dir, dass du deinen Frieden findest." Damit ich diese oder ähnliche Worte aufrichtig meinen kann, muss ich zuerst Abstand zu dem anderen gewinnen. Ich kann einem Menschen, der mich verletzt, schwerlich in demselben Augenblick vergeben, in dem sein Messer noch in meiner Wunde steckt.

Die Aggression bezieht sich sicher nicht nur auf die Vergebung. Könnten Sie noch ein anderes Beispiel christlicher Aggression nennen?
■ Es gab viele Heilige, die ihre Aggression gelebt haben. Ohne Aggression hätten sie sich nicht so für die Menschen und für das Reich Gottes eingesetzt. Wer sich leidenschaftlich für die Erneuerung der Kirche, für das Wohl der Menschen, für Frieden und Gerechtigkeit einsetzt, der lebt auf positive Weise seine Aggression. Die Aggression ist ein dauernder Antrieb für ihn, nicht nachzulassen in seinem Einsatz. Aber dabei muss man sich selbst sehr genau beobachten, damit man nicht verbittert. Die Verbitterung ist eine Warnung, dass ich die Aggression gegen mich selbst richte.

Und ich muss mich prüfen, ob ich die Menschen, mit denen ich vielleicht kämpfen muss, um gerechte Strukturen zu schaffen, achte und liebe. Sonst wird meine Aggression zerstörerisch.

Ich bringe noch ein weiteres Beispiel dafür, wie man sich mittels Aggression seinen Lebensraum verschafft. Erinnern wir uns daran, dass nicht einmal Jesus jedem geholfen hat. Er kümmerte sich auch um sich selbst. Dies ist für mich eine wichtige Erkenntnis. Ich bin nicht Gott und kann deshalb auch nicht maßlos schenken. Ich muss auch fähig sein mich abzugrenzen, um immer wieder empfangen zu können. Ich brauche Zeit, um mich zu besinnen und mit der inneren Quelle des Heiligen Geistes, die in mir entspringt, in Kontakt zu treten. Es ist gut, wenn ich Freude daran habe, für andere da zu sein und ihnen zu helfen. Wenn ich jedoch eine innere Härte und Verbitterung spüre, dann bin ich dafür verantwortlich meine eigenen Grenzen zu verteidigen. Die Tatsache, dass ich meine eigenen Grenzen setze, ist kein Merkmal des Egoismus, sondern ein Zeichen der Nächstenliebe: Ich versuche mir selbst Grenzen zu setzen, damit ich fähig bleibe, stets zu geben.

Manche psychologische Schulen fordern vom Menschen, sich selbst besser zu erkennen und anzunehmen mit allen seinen Beschränkungen und Mängeln. Anders gesagt, der Mensch soll seinen eigenen Selbstwert finden. Ist der Verlust des Selbstwertgefühls nur ein Merkmal der modernen Zeit?

■ Zu allen Zeiten haben Menschen an mangelndem Selbstwertgefühl gelitten. Das zeigt schon die Geschichte des Zachäus, der klein von Gestalt war und deshalb seine Minderwertigkeitskomplexe dadurch kompensierte, dass er möglichst viel Geld erwarb. Jesus heilte Zachäus, indem er ihn bedingungslos annahm und ihm so „Ansehen" schenkte. Das brachte diesen dazu, die Hälfte seines Besitzes den Armen zu geben.

Wie unterscheidet sich eigentlich die christliche Therapie von der rein psychologischen? Letztere bleibt doch nur bei der Selbstannahme ohne jegliche höhere Ansprüche oder Bewertungen.

■ Es ist sicher sehr wichtig, dass wir alles in uns anschauen, ohne es gleich zu bewerten. Es ist so, wie es ist. Das sollten wir akzeptieren. Aber der zweite Schritt besteht darin, dass wir uns fragen: Wohin will ich wachsen? Bei diesem zweiten Schritt spielen die christlichen Ideale eine wichtige Rolle. Ich soll ja immer mehr zu dem einmaligen Bild werden, das Gott sich von mir gemacht hat. Und ich soll in meinem Leben etwas von der Gesinnung Jesu widerspiegeln, aber ich soll Jesus nicht geistlos nachahmen. Die Beschäftigung mit Jesus fordert mich heraus, zu wachsen und mich zu wandeln.

Für mich ist ein wichtiges Kennzeichen der christlichen Therapie, dass ich nicht dabei stehen bleibe, mit mir gut umzugehen und mich wohl zu fühlen, sondern dass ich nach meiner Sendung frage. Was ist meine Sendung, meine Berufung in dieser Welt? Welchen Auftrag habe ich zu erfüllen? Das bringt mich von mir selbst weg. Mein Leben soll ja fruchtbar werden, indem ich meine einmalige Spur in diese Welt eingrabe. Es geht bei dieser Spur nicht in erster Linie um Leistung, sondern darum, dass ich etwas von Gott ausstrahle, was nur durch mich in dieser Welt leuchten kann.

Der Sinn der christlichen Therapie liegt darin, dass der Mensch in das ursprüngliche und unverfälschte Bild hineinwächst, das Gott sich von ihm gemacht hat. Ich könnte es auch mit dem Wort Jesu beschreiben: „Musste nicht der Messias all das erleiden, um so in seine Herrlichkeit (doxa) zu gelangen?" (Lk 24,26). Durch alle Bedrängnisse und Konflikte dieser Zeit soll ich in die Gestalt (doxa) hineinwachsen, die Gott mir zugedacht hat.

Bleiben wir noch bei der Vergebung, da sie einen großen Einfluss auf die Gesundheit der menschlichen Seele hat. In welchem Maße hängt die Fähigkeit zur Vergebung ab von den

Erlebnissen der eigenen Kindheit, z. B. von der Erfahrung mit Vergebung in der eigenen Familie?

■ Wer durch seine Eltern immer wieder bedingungslose Annahme erfahren hat, der kann sicher leichter vergeben als einer, der sich ständig abgelehnt fühlte. Dennoch kann Vergebung gelernt werden. Wir sind nicht festgelegt durch unsere Kindheit.

Wie soll die Vergebung zum Beispiel in der Familie aussehen, damit sie für beide Seiten sinnvoll ist?

■ Ich wiederhole, was ich schon zur Frage der Aggression gesagt habe. Zuerst sollte ich meine Gefühle, meinen Schmerz, aber auch meine Wut ernst nehmen. Diese Wut schafft einen gesunden Abstand von dem anderen Menschen. Viele Verletzungen entstehen dadurch, dass Mann und Frau nicht genug Abstand haben und so in ein Gewirr der Emotionen geraten, dass sie sich dann einander „infizieren".

Die Vergebung vollzieht sich in vier Schritten. Der erste Schritt zur Vergebung besteht darin, dass ich den Schmerz nochmals zulasse, den die Verletzung in mir ausgelöst hat. Mit dem zweiten Schritt lasse ich meine Wut zu, mit der ich mich vom Verletzer distanziere. Bei dem dritten Schritt kann ich nachvollziehen, warum der andere gerade so gehandelt hat, seine Beweggründe begreifen. Und erst der vierte Schritt bringt die wirkliche Vergebung, in der ich das verletzende Verhalten beim andern lasse und mich so innerlich davon befreie. Aber dann sollte noch das Gebet für den andern folgen, dass er seinen Frieden findet. Dann erst bin ich versöhnt mit meinem Leben.

Die Vergebung ist heilbringend vor allem für mich, da sie mich von dem befreit, was mir ein anderer getan hat. Wenn ich dem, der mich verletzt hat, nicht vergeben kann, bin ich noch an ihn gebunden. Manche Menschen werden nie gesund, weil sie nicht vergeben können.

Doch damit Vergebung gelingen kann, muss man nach einem vernünftigen Weg suchen. Einmal kamen Eheleute zu mir, die sich oft gestritten haben. Sobald der Streit vorbei war, ging die Frau zu ihrem Mann und bat ihn, ihr jetzt sofort im Namen Christi zu vergeben. Der Mann sah natürlich rot, es war ein völlig verkehrtes Ritual. Der andere braucht Zeit, um sich auszutoben, um Raum für seinen Zorn zu haben. Andere Eheleute erzählten mir, dass sie ihre Hochzeitskerze auf dem Tisch stehen haben. Wenn sie streiten und nicht in der Lage sind, darüber zu sprechen, geht einer und zündet die Kerze an. Für den anderen ist es eine Einladung. Manchmal kann man nicht gleich zu reden anfangen, da ein Gespräch nur weitere Verletzungen verursachen würde. Diese Eheleute gingen also klug vor.

Wie kann der Mensch sich selbst vergeben? Wie kann er den Zauberkreis der Selbstverletzung durchbrechen?

■ Es stimmt, dass viele Menschen sich nicht selbst vergeben können. Sie gehen zur Beichte, um Gottes Vergebung zu erfahren, doch in ihrer tiefsten Seele werfen sie sich dauernd etwas vor. Sich selbst zu vergeben heißt, die Illusion aufzugeben, dass man selbst ein perfekter Mensch ist. Das wiederum verlangt Demut. Es kommt oft vor, dass Menschen eine zu ideale Vorstellung von sich selbst haben und sich selbst nicht verzeihen können, weil sie diese Illusion aufgeben müssten. Sie halten lieber an ihren Vorstellungen fest und können sich deshalb nicht ändern.

Ich kann mir nur selber vergeben, wenn ich an die Vergebung Gottes glaube und sie erfahren habe. Aber ich sage vielen Menschen bei der Beichte: „Wenn Gott dir jetzt vergeben hat, dann musst du dir auch selbst vergeben. Sonst glaubst du nicht wirklich an die Vergebung Gottes." Sich selbst zu vergeben heißt seine Schuldgefühle zu begraben, seine Selbstvorwürfe loszulassen und sich zu akzeptieren als den, der diese Schuld auf sich geladen hat oder der so geworden ist, wie er jetzt ist.

Eines Ihrer Bücher befasst sich mit der Bedeutung der Träume für das geistliche Leben. Wie weit sollte der Christ sich mit seinen Träumen befassen? Sind sie für ihn nützlich?

114

■ Die Träume sind für die Bibel die Sprache Gottes. Oder ich kann auch sagen, dass Gott seine Engel im Traum schickt, um den Menschen zu belehren. Die Träume zeigen mir, wie ich bin. Sie decken mir meine Wirklichkeit auf, vor allem meine unbewussten Seiten. Manche Träume zeigen mir auch, welche Schritte ich auf meinem spirituellen Weg gehen soll. Andere Träume sind voller Verheißungen. Sie zeigen mir, dass ich auf meinem Weg weiter bin, als ich denke. Wenn ich z. B. von einem Kind träume, dann bedeutet dieses Bild, dass etwas Neues in mir wächst. Und dann gibt es die religiösen Träume, die meinen Glauben stärken. In ihnen erfahre ich Gottes heilende Nähe als Licht oder in Symbolen – etwa im Symbol der Kirche oder in Worten, die ich auf einmal höre. Für die geistliche Tradition eines Christen war es immer wichtig auf Träume zu hören, weil Gott die Tiefen seiner Seele erhellen und verwandeln will.

Kann man zum Beispiel sagen, dass man seine Aggressionen besser beherrschen kann, wenn man mehr auf sein eigenes Gewissen hört?

■ Es gibt heute mehr Menschen als früher, die einen Zugang zum Unbewussten haben. Sie beschäftigen sich mit Träumen, Psychologie u. Ä. Ich leite z. B. Kurse für Manager, und diese wissen, dass sie mit ihrem Unbewusstsein rechnen müssen, sonst könnten sie ihre verdrängten Aggressionen leicht auf ihre Mitarbeiter übertragen. Es gibt jedoch auch eine Menge Menschen, die gar keinen Zugang zu ihrem Unbewusstsein haben. Sie verdrängen ihre Aggressionen und leben sie nach außen hin aus. Sie fühlen sich nur dann lebendig, wenn sie etwas zerstören. Doch eine Aggression, die sich nach außen wendet, verletzt gleichzeitig die eigene Seele. Die Zunahme der Gewalt ist ein Wahrzeichen der heutigen kranken Welt, das Zeichen einer kranken Seele.

VII. Vorsicht, Prokrustesbett!

Von den Wüstenvätern, der Tradition und der geistlichen Erfahrung

Sie haben einmal erwähnt, dass es den Menschen heute schwerer fällt als früher, eine persönliche Beziehung zu Gott aufzubauen, weil sie nicht mehr in einer gesunden Tradition stehen. Dachten Sie dabei an ein traditionelles Familienumfeld oder an die spirituelle Tradition?

■ Beides ist wichtig für eine persönliche Beziehung zu Gott: die religiöse Erziehung in der Familie und eine gesunde geistliche Tradition. Wenn jemand als Kind nichts von Gott erfährt, dann hat er es nicht so leicht, zu Gott in eine intime Beziehung zu kommen. Dann wird die Beschäftigung mit Gott entweder eher intellektuell werden oder aber sie wird von einer wichtigen Erfahrung veranlasst, etwa einer tiefen Gotteserfahrung in der Schöpfung oder in der Kunst oder bei einem Erlebnis, das mich aus der normalen Bahn wirft. Die gesunde geistliche Tradition hilft uns Gott richtig zu sehen, frei zu werden von unseren infantilen Projektionen auf Gott und offen zu werden für den Gott, der jenseits aller Bilder steht.

Neben den gesunden gibt es auch ungesunde religiöse Traditionen, die fromm wirken, aber zu einem geistlosen Formalismus führen. Wie können wir diese beiden Traditionen unterscheiden?

■ Die gesunde religiöse Tradition besteht vor allem aus existentiellen Erfahrungen. Die gesunde Theologie ist eigentlich eine Reflexion auf die Erfahrung. Wenn unsere Liturgie von spiritueller Erfahrung geprägt ist, dann schöpfen wir immer aus einer heilsamen Tradition. Und wenn unsere Theologie die Erfahrungen von Menschen damals und heute betrachtet und zu deuten sucht, dann hilft sie uns unser Leben besser zu verstehen. Die gute Tradition hütet einen Schatz von Erfahrungen, und dieser Schatz drückt sich aus in Ritualen, in asketischen Übungen und in spirituellen Gedanken.

Umgekehrt basiert eine ungesunde religiöse Tradition nur auf äußere Formen und theologische Formeln. Aber diese Formen und Formeln sind nicht durch Erfahrungen gedeckt. Die Menschen wiederholen sie, nicht weil sie damit eine Erfahrung machen und so innerlich wachsen, sondern um sich gegen ihre Ängste abzusichern und sich über die anderen zu stellen. Solche Traditionen führen nicht zum Leben, sondern in die Enge und Angst. Menschen, die diese ungesunden Traditionen hochhalten, sind intolerant und schimpfen ständig über die moderne Welt.

Sie beziehen sich in Ihren Büchern oft auf die Wüstenväter. Wann haben Sie ihre Werke zum ersten Mal kennen gelernt?
■ Im Noviziat habe ich von den Wüstenvätern gehört. Das war im Jahr 1964. Doch damals haben sie mich nicht besonders berührt – sie waren für mich exotische Menschen, die mir fremd blieben. Erst als ich 1975 gemeinsam mit Mitbrüdern eine schon erwähnte, dem Gebet gewidmete Tagung vorbereitete und an einem Vortrag über die Reinheit des Herzens im frühen Mönchtum arbeitete, entdeckte ich den Reichtum an Erfahrungen, der in den Schriften der Mönchsväter steckt. Seitdem ging ich mit einer anderen Brille an die monastische Tradition heran. Ich hatte vorher viele Bücher von C. G. Jung gelesen. Er hat mir die Augen geöffnet für die Weisheit der Wüstenväter, obwohl er selbst nichts über sie geschrieben hat.

Die Spiritualität der Wüstenväter, die zwischen dem 3. und 6. Jahrhundert nach Christi lebten und wirkten, scheint von unserer Realität weit entfernt zu sein. Andererseits war es vor einigen Jahren modern, alte buddhistische Koane zu zitieren. Heute kommt es zu einem neuen Interesse für die Weisheit der Wüstenväter. Warum entdecken wir sie gerade am Anfang des dritten Jahrtausends?

■ Die Spiritualität der Wüstenväter war von einer radikalen Selbsterfahrung geprägt. Wer sich jahrelang als Einsiedler in eine Klause zurückzieht, der wird mit seiner eigenen Wirklichkeit konfrontiert. Man könnte sagen, die Wüstenväter haben extreme Experimente in Sachen „Selbsterfahrung" durchgeführt.

Der heutige Mensch erforscht nicht nur das Weltall und ist nicht nur von der Umwelt fasziniert, sondern versucht auch immer wieder von neuem das Geheimnis der menschlichen Seele einzusehen. Und hier bietet sich ihm eine einzigartige Möglichkeit an: Er kann von den extremen und reichen Erfahrungen der Wüstenväter profitieren. Die Wüstenväter haben keine Theorien aufgestellt, sondern von ihren Erfahrungen erzählt, ohne sich selbst in den Mittelpunkt zu stellen. Man spürt in ihren Worten die Kraft, die in ihnen steckt, aber auch Weisheit und Milde. Die Wüstenväter sind durch ihre harte Askese nicht hart geworden, sondern barmherzig und milde.

Worin liegt ihre richtige und überzeitliche Sicht vom Menschen?

■ Für mich liegt sie darin, dass die Wüstenväter alle Höhen und Tiefen der Seele durchforstet haben, dabei aber nicht verzweifelt sind. Vielmehr haben sie das, was sie in der menschlichen Seele erkannten, nicht bewertet, sondern in Beziehung zu Gott gebracht, damit sein Licht alles erleuchte und verwandle.

Ein anderer wichtiger Aspekt liegt darin, dass die frühen Mönche die wahre Würde des Menschen im Gebet begründet sehen. Ich spüre in den Schriften der monastischen Autoren eine tiefe Sehnsucht nach Gott und zugleich eine große Freude über unsere Würde: dass wir die Würde haben, mit Gott eins zu werden im Gebet. Die Wüstenväter bieten also eine optimistische Sicht vom Menschen an: Gott selbst will im Menschen wohnen und mit ihm eins werden. Die Sehnsucht nach diesem Verschmelzen mit Gott durchzieht die Geschichte der Mystik. Und diese uralte Sehnsucht nach dem

Einswerden ist gerade in unserer Zeit und in unserer Welt neu aufgekommen.

Wie entstand das Mönchtum? Wo suchte es seine Inspirationen? Woraus schöpfte es seine ersten Erfahrungen?

■ Geschichtlich kann man sagen, dass Antonius, der sich in die Wüste zurückzog, der erste Mönch war. Das war wohl um das Jahr 290. Antonius hatte als junger Mann im Gottesdienst die Bibelstelle gehört: „Wenn du vollkommen sein willst, geh, verkauf deinen Besitz und gib das Geld den Armen … dann komm und folge mir nach" (Mt 19,21). Dieses Wort Jesu hat ihn ins Herz getroffen. Er verkaufte alles und ließ sich als Einsiedler nieder – zuerst in der Nähe seines Dorfes, dann in einer verlassenen Festung und schließlich tief in der Wüste. Auf den ersten Blick könnte man sagen, das Mönchtum entstand aus einem neuen Verständnis der Worte Jesu. Doch man kann auch die Bibel lesen, ohne auf die Idee zu kommen Mönch zu werden.

Das Mönchtum ist ein Phänomen, das in allen Kulturen und Religionen auftaucht. Daher schöpfte auch das christliche Mönchtum sicher aus den Erfahrungen von Menschen, die eine ähnliche Lebensweise führten. Vermutlich bezog es in der ägyptischen Wüste viele Inspirationen aus den Erfahrungen der pythagoräischen Freundschaftsbunde und der ägyptischen Asketen, die es damals schon gab. Ob es Querverbindungen zum essenischen Mönchtum innerhalb des Judentums oder zu Bewegungen in Persien oder Indien gab, lässt sich nicht nachweisen. Jedenfalls verbanden die christlichen Mönche die urmenschliche Sehnsucht nach einem Leben als Mönch mit den Forderungen Jesu nach einer radikalen Nachfolge.

Sie schrieben in Ihrem Buch, dass die Mönche Therapeuten ihrer Zeit waren. Kann man sagen, dass die Menschen damals zu den Mönchen gingen wie heute zum Psychotherapeuten?

■ Die Mönche gingen nicht in die Wüste, um die Psychologen ihrer Zeit zu werden, sondern um Gott zu suchen. Sie wollten sich zurückziehen, um sich in der Einsamkeit und im Schweigen für Gott zu öffnen. Doch die Menschen spürten, dass die Mönche dabei tiefe Erfahrungen gemacht hatten. So entstand eine regelrechte Wallfahrt zu den Mönchsvätern. Bei ihnen suchte man Rat, so wie man heute zum Therapeuten geht. Allerdings suchte man nicht nur Hilfe in rein menschlichen Angelegenheiten, sondern letztlich war es eine Suche nach dem Sinn des Lebens. Wie gelingt das menschliche Leben? Was ist sein Sinn? Wie funktioniert Beten? Wie gehe ich mit meinen Erfahrungen um, wenn ich nicht mehr beten kann, wenn meine Leidenschaften stärker sind als meine spirituelle Sehnsucht?

Sie haben gesagt, dass sich die Psychologen für die Erfahrungen und Methoden der alten Mönche interessieren. Warum sind sie für uns heute so interessant? Liegt es etwa daran, dass die Wüstenväter die aktuellen psychologischen Kenntnisse und Methoden vorweggenommen haben?
■ Die Psychologen interessieren sich grundsätzlich für alle authentischen menschlichen Erfahrungen. Sie spüren, dass die Erfahrungen der frühen Mönche aus einer anderen Tiefe kommen als viele Erfahrungen, die man heute mit psychologischen Experimenten einzuordnen versucht. Sie möchten an diese Erfahrungen herankommen, weil sie in ihnen etwas Neues und Ungewohntes erkennen.

Die Mönche nehmen in der Tat heutige psychologische Kenntnisse vorweg, weil sie sehr genau die Regungen der Seele beobachtet haben. Sie haben Methoden entwickelt, wie der Mensch seine Gedanken und Gefühle, ihre Reihenfolge, ihre inneren Zusammenhänge und ihre Auswirkungen beobachten kann, ohne sie zu beurteilen.

Ein Psychologe sagte mir, die heutige Psychologie sei sehr stark im Entdecken neuer Erklärungsmodelle. Sie verstehe die menschliche Seele immer besser. Die Schwäche der Psychologie sei jedoch, dass die Methoden, die sie zur Heilung verwendet, oft nur in der Begegnung mit dem Therapeuten Anwendung finden. Aber kaum einer kommt auf die Idee das, was er erkannt hat, zu leben! Die Mönche haben eine Kunst des gesunden Lebens entwickelt, mit heilenden Ritualen und einer klaren Struktur, mit Formen der Meditation und des Gebets, die der Seele gut tun.

Das zentrale Werk, das die Texte der Wüstenväter vorstellt, sind die Apophthegmata. *Wie entstanden diese Sprüche der Wüstenväter, und was können sie uns heute sagen?*

■ Die Wüstenväter gaben denen, die sie um Rat gefragt haben, eine kurze und prägnante Antwort. Die Ratsuchenden haben diese Antworten weiter erzählt. Oft genug waren es auch junge Mönche, die Rat bei den Altvätern suchten. Sie haben mit der Zeit die Worte und die Situationen, in denen sie entstanden waren, gesammelt. Und sie haben einander manche Begebenheit erzählt, die das Geheimnis eines Mönchsvaters blitzlichtartig aufleuchten ließ.

Die Sprüche der Väter sind sehr konkret. Sie fordern uns heute auf, etwas auszuprobieren. Sie hindern uns daran, über uns und unseren Zustand immer nur zu jammern und zu diskutieren. Sie sagen uns kurz und bündig: „Du kannst dein Leben ändern. Aber du musst etwas dafür tun. Probiere diese oder jene Übung. Und du wirst sehen, dass die Übung dich in Ordnung bringt und deine Seele heilt."

Sie haben einmal geschrieben, dass die Kirche gut daran täte, mit den frühen Quellen ihrer Spiritualität in Kontakt zu bleiben. Dann könnte sie nämlich eine bessere Antwort auf die Sehnsucht des Menschen nach Spiritualität geben als die moralisierende Theologie der letzten Jahrhunderte.

■ Ja, die Theologie der frühen Kirche war zum einen von der Erfahrung geprägt, zum anderen war sie eine bildhafte Theologie. Wenn wir etwa die Theologie der griechischen Kirchenväter lesen, so entdecken wir, dass sie in Bildern dachten. Bilder öffnen uns ein Fenster zu Gott. Bilder sind immer aktuell. Sie legen uns nicht fest. Um Begriffe kann man streiten, durch Bilder kann man hindurchsehen und das Geheimnis entdecken.

Dieser Zugang ist für den Menschen eine Hilfe. Der Mensch weiß heute, wie relativ alle unsere Begriffe und Modelle sind. Bilder lassen ihm die Freiheit, in der Begegnung mit der Theologie und Spiritualität der Kirchenväter selbst zu schauen, was sich ihm darbietet. Der Mensch möchte sehen und erfahren. Schauen – so wissen es die Griechen – führt immer in die Freiheit. Eine Theologie, die zum Schauen einlädt, respektiert unsere Freiheit. Umgekehrt möchte uns eine moralisierende Theologie genau vorschreiben, was wir zu tun haben. Oft genug erkennen wir dann aber, dass die Forderungen, die zwar mit der Bibel und dem Willen Gottes begründet werden, doch sehr relativ sind, vermischt mit menschlichen Projektionen und Ängsten und manchmal auch mit Machtansprüchen über die, denen man diese Theologie verkündet.

Sie sprechen in diesem Zusammenhang oft über die Spiritualität von unten und über die Spiritualität von oben. Können Sie ihre Hauptunterschiede erklären?

■ Die Spiritualität von oben geht von Idealen aus, von dem, was mir vorgegeben ist, etwa von den Forderungen der Bibel oder der spirituellen Tradition. Diese Spiritualität hat durchaus ihre Berechtigung. Denn wir brauchen Ideale und Vorbilder, um die eigenen Möglichkeiten zu entdecken. Doch die Spiritualität von oben braucht die Ergänzung durch eine Spiritualität von unten. Damit meine ich eine Spiritualität, die nicht nur auf Gottes Stimme in der Bibel hört, sondern auf Gottes Stimme in meinen eigenen Gedanken und Gefühlen, in meinen Träumen, in meinem Leib, in meiner Arbeitssituation und in meinen Beziehungen. Wenn ich mich zu sehr mit einem Ideal identifiziere, bin ich in Gefahr, meine eigene Realität zu „überspringen". Was ich aber in mir verdränge, das gerät in den Schatten und wird sich von dort aus negativ auf mich und mein Verhalten auswirken. Darum ist es wichtig, in mich hineinzuspüren. Was sich da an Gefühlen, Sehnsüchten und Träumen meldet, das verstehe ich als Gottes Stimme: Gott spricht durch meine eigene Wirklichkeit. Er möchte, dass ich das einmalige Bild lebe, das er sich von mir gemacht hat. Um dieses Bild zu entdecken, muss ich aber gut in mich hineinhorchen. Denn sonst folge ich vielleicht dem Bild meines Ehrgeizes oder den Bildern, die andere mir übergestülpt haben. Die Griechen haben das in der Sage des Prokrustes ausgedrückt. Der Wegelagerer Prokrustes steckt jeden in sein festes Schema, in sein Prokrustesbett. Wer zu kurz ist, dem werden die Glieder langgezogen. Wer zu lang ist, dem werden sie abgehackt. In beiden Fällen geht der Mensch zugrunde. Es geht also um eine gesunde Spannung zwischen einer Spiritualität von oben und von unten. Nur wenn beide Pole gesehen werden, wird der Mensch seiner Wirklichkeit und dem Willen Gottes gerecht, der sich in ihm auf einmalige Weise ausdrücken möchte.

Manche Gläubige halten schon die Versuchung für eine Sünde und lassen sich dadurch verwirren. Es ist interessant, dass die Mönche die Versuchung positiv betrachtet haben.
■ Ja, manche Gläubige sind ängstlich. Wenn in ihnen Hass auftaucht, verurteilen sie sich sofort als schlecht. Die Mönche sagen: Wir sind nicht verantwortlich für die Gedanken und Gefühle, die in uns auftauchen, sondern nur dafür, wie wir damit umgehen. Ich darf mich in meinem Verhalten nicht von Hass oder Groll bestimmen lassen, aber ich kann schwer einen Gedanken verhindern, der mir eingefallen ist.

Ähnlich ist es mit der Versuchung. Ängstliche Menschen meinen, die Versuchung selbst sei schon schlecht. Es sei ihre Schuld, weil sie zu wenig beten würden. Aber die Mönche sagen: Der Baum wird nur dann seine Wurzeln tief in das Erdreich eingraben, wenn er vom Wind hin und her geschüttelt wird. Die Versuchungen sind wie der Wind, der den Menschen zwingt, seine Wurzeln tief in Gott einzugraben. Die Versuchungen stärken also den Menschen. Sie machen ihn bewährter.

Wie soll man dann aber die Vaterunserbitte „Und führe uns nicht in Versuchung" verstehen? Sollen wir nun vor der Versuchung Angst haben oder nicht?

■ Die Exegeten streiten sich darüber, wie die Vaterunserbitte genau übersetzt und verstanden werden soll. Vermutlich heißt es: „Lass uns nicht in der Versuchung fallen!" Gott führt ja nicht aktiv in Versuchung. Er lässt uns in sie hineingeraten. Man kann nicht übersehen, dass die Versuchung immer auch eine Gefährdung des Menschen ist. Und da ist die Bitte gerechtfertigt, dass wir der Gefährdung nicht erliegen, sondern dass Gott uns schützen möge, damit wir gestärkt aus der Versuchung hervorgehen.

Manche Exegeten verstehen unter dem Wort *peirasmos* im Matthäusevangelium (Mt 6,13) nicht die Versuchung im Sinne unserer täglichen Anfechtungen, die uns bewährter machen, sondern als Abfall. Gott möge uns vor dem Abfall und vor der Verwirrung bewahren. Denn in der Verwirrung durch falsche Lehrer verlieren wir den festen Stand.

Und wie verstanden die Wüstenväter die Sünde?

■ Sünde ist für die Wüstenväter, wenn ich mich von den Dämonen beherrschen lasse. Und sie sehen die Leidenschaften oft auch als Dämonen. Wenn ich mich von ihnen bestimmen lasse, dann führen sie mich zum Bösen und zur Sünde. Das griechische Wort für Sünde, *hamartia,* meint ein Verfehlen, am Ziel vorbeischießen. Wer von den Leidenschaften beherrscht wird, der verliert seine innere Freiheit, der verfehlt das Ziel seiner Menschwerdung.

Es gibt sicherlich einen Unterschied zwischen dem Begriff der Askese bei den Wüstenvätern und unseren heutigen Vorstellungen davon. Worin liegt der ursprüngliche Sinn der Askese? Worum ging es dabei?

■ Askese ist bei den Griechen die Übung, das Training. Das Wort stammt aus der Welt des Sports und des Kriegsdienstes. Sowohl Sportler als auch Soldaten trainierten sich. Von ihnen haben die Philosophen und Theologen das Wort übernommen und geistig verstanden. Man kann sich auch in innere Haltungen einüben, etwa in die Haltung der Selbstbeherrschung, der Tapferkeit, des Maßes und der Gerechtigkeit. Die Askese setzt ein positives Menschenbild voraus: Ich bin nicht einfach durch meine Vergangenheit festgelegt. Ich kann an mir arbeiten. Ich kann mich in die innere Freiheit hineintrainieren. Ich kann bestimmte Haltungen durch Übung erwerben.

Heute herrscht eher eine pessimistische und wehleidige Sicht: „Man kann nichts machen. Ich bin halt so geworden." In dieser Haltung klagt man lieber andere an. Sie sind schuld, weil sie diese oder jene Eigenschaften, Ansichten, Vorstellungen haben, weil sie uns nicht begreifen. Man jammert, dass man zu kurz gekommen ist und es nicht so gut hat wie die anderen. Aber man weigert sich, die Verantwortung für das eigene Tun zu übernehmen. Askese meint: Ich söhne mich aus mit dem, was ich geworden bin. Aber ich habe auch Lust, zu wachsen und an mir zu arbeiten, damit die Fähigkeiten, die Gott mir geschenkt hat, zur Entfaltung kommen.

Was ist das Zeichen für eine richtige und gesunde Askese?
■ Das Zeichen einer ungesunden Askese ist es, wenn der Mensch gegen sich wütet. Er kämpft gegen sich, weil er das, was er in sich entdeckt, nicht annehmen kann. Eine gesunde Askese geht immer von der Selbstannahme aus. Ich kann nur verwandeln, was ich angenommen habe. Ich kann nur weiterkommen, wenn ich mir eingestehe, wo ich stehe. Es gibt Menschen, die sich mit hohen Idealen identifizieren. Man kann sie vergleichen mit Menschen, die an einem hohen Reck hängen, ohne Bodenkontakt. Sie können soviel strampeln wie sie wollen. Sie werden nie weiter nach oben gelangen. Die Ursache der harten Selbstbeurteilung liegt darin, dass die Menschen das einmalige Gottesbild in sich nicht entdecken und einem idealen Bild nachjagen, das sie selbst geschaffen haben. Nur wenn ich anerkenne, dass ich auf der untersten Stufe stehe, kann ich Schritt für Schritt nach oben gehen.

Die ungesunde Askese geht von äußeren Idealen aus, ohne die Struktur der menschlichen Seele zu berücksichtigen. Sie vergewaltigt Seele und Leib. Die gesunde Askese hingegen trainiert das, was vorhanden ist, und lockt die Kräfte heraus, die Gott in uns hineingelegt hat. Sie berücksichtigt die menschliche Psyche und arbeitet so an ihr, dass sie heil wird und ganz.

Mit der Askese hängt auch der Begriff Fasten eng zusammen. Darunter versteht man üblicherweise Verzicht auf gutes Essen und Trinken als eine Selbstüberwindung, die man Gott als persönliches Opfer anbietet. Worin besteht Ihrer Meinung nach der Sinn des Fastens?

■ Das Fasten ist ein Training in die innere Freiheit. Heute haben viele Menschen Probleme mit Essen und Trinken. Sie werden abhängig von Alkohol oder Kaffee. Sie haben keine Zeit sich gesund zu ernähren. Dann haben sie gesundheitliche Probleme, oder sie überdecken Ärger und schlechte Launen mit Essen. Das Fasten führt in die innere Freiheit. Es bringt mich in Berührung mit meiner Würde. Ich lebe selber, statt gelebt oder von den äußeren Umständen eingezwängt zu werden.

Nicht die Kirche hat das Fasten erfunden: Sie hat lediglich Praktiken übernommen und weiterentwickelt, die bereits vorhanden waren – sei es im Judentum oder in der griechisch-römischen Kultur. Das Fasten sollte in früheren Zeiten vor allem vor Dämonen schützen. Einer der Gründe der Fastenregeln in der Antike war die angebliche dämonische Kraft mancher Lebensmittel. Die Pythagoräer glaubten, dass der Mensch mit dem Fleisch des getöteten Tieres auch seine dämonische Seele zu sich nimmt oder dass die Dämonen mittels mancher Pflanzen wirken können. So verboten sie z. B. den Verzehr von Bohnen, weil sie unruhige Träume verursachen. Man wusste aber auch, dass das Fasten gesund ist und Leib und Seele entschlackt. Man versprach sich vom Fasten die Heilung vieler Leiden wie Rheuma, Entzündungen und Katarrhe. Häufig wandte man Fasten in der Volks-

heilkunde an. Die griechischen philosophischen Schulen –
z. B. die Stoiker – erhofften sich vom Fasten nicht nur Schutz
vor Krankheiten und Dämonen, sondern auch Bereinigung
des Geistes, innere Freiheit, Zufriedenheit und Glück. Das
Fasten stellt aber auch eine Hilfe im geistlichen Leben dar.

Wie zum Beispiel?
▪ Bereits die alten Mönche sahen darin ein bewährtes Mittel
im Kampf um die Reinheit des Herzens. Im Fasten begegnet
man nämlich nicht nur sich selbst, sondern auch den Fein-
den seiner Seele, dem, was innerlich einengt. Durch gutes
Essen und Trinken kann man einiges unterdrücken, doch
durch das Fasten entledigt man sich dieser Ersatzmittel und
erkennt die innerste Wahrheit über sich selbst. Dabei kann
alles, was im Inneren verborgen ist, zu Tage kommen: Sehnsüchte und unerfüllte Wünsche, Zorn, Verbitterung und
Trauer, Verletzungen oder auch Gedanken, die sich ununter-
brochen um Besitz, Gesundheit und Erfolg drehen. Alles Unterdrückte, das man zuvor mit Speise, Trank und Unterhaltung zu überdecken vermochte, kommt nun ans Licht. Auf
diese Weise deckt das Fasten das eigentliche Wesen des Menschen auf. Es zeigt, was ihn am meisten bedroht und wo er
mit dem Kampf um die innere Befreiung beginnen kann.
   Das Fasten intensiviert auch unser Beten und Bitten.
Wenn ich für jemanden faste und bete, dann ist das viel intensiver, als wenn ich nur kurz im Gebet an ihn denke. Das
Fasten verhilft auch zur Wachsamkeit. Während der volle
Magen meist Schläfrigkeit verursacht, hält das Fasten den
Menschen wach und offen für Spirituelles und für Gott.
Und das Fasten bringt innere Klarheit. Es lässt mich die
Welt viel intensiver erfahren.

Hat das Fasten auch seine Tücken?
▪ Das Fasten darf nicht zur Verneinung des Lebens werden.
Ein Mensch, der z. B. ein schlechtes Gewissen hat, weil ir-
gendwo in Afrika Menschen leben, denen es viel schlechter
geht als ihm, könnte sich sagen: „Ich gönne mir nichts mehr,

solange sich diese Armen nicht dasselbe wie ich gönnen können." Und er beginnt am Hungertuch zu nagen, bis sich bei ihm schließlich eine negative Lebenseinstellung herausbildet. Ein solcher Mensch feiert dann keine Feste mehr, ist nicht in der Lage sich selbst etwas zu gönnen und beurteilt schließlich seine Mitmenschen nach dem Maß ihrer Askese. Eine andere Form von gefährlichem Fasten ist durch die negative Einstellung des Menschen zum eigenen Leib motiviert. In diesem Fall kann das Fasten leicht in Anorexie umschlagen. Der Mensch lehnt seinen Leib bzw. sein Geschlecht ab. Diese Einstellung, die eigentlich eine Rebellion gegen die Schöpfung Gottes ist, wird dann als religiöses Fasten dargestellt. Der Mensch wird sich gar nicht bewusst, dass er sich gegen Gott wendet. Bei einem gesunden Fasten geht es nämlich nicht um Ablehnung der eigenen Körperlichkeit, sondern um ihre Annahme. Es soll zur Harmonie zwischen Seele und Leib führen. Einem Menschen, der Angst hat, dass er etwas Gesundheitsschädliches essen könnte, bringt das Fasten ebenfalls nichts. Diese übertriebene Ängstlichkeit und das Kreisen um gesundheitsbewusste Nahrung schaden dem Menschen letztendlich mehr, als wenn er sich etwas Gutes zu essen gönnt.

Der Mensch des dritten Jahrtausends scheint den wahren Sinn von Begriffen wie Fasten, Sünde, Gnade, Buße usw. wieder zu entdecken. Kann man ihm dabei helfen?
■ Die erste Hilfe besteht darin, dass ich diese Begriffe richtig erkläre und deute, so dass der Mensch sie versteht und innerlich davon angerührt wird. Ich muss so von diesen Begriffen reden, dass der Mensch in seiner Sehnsucht angesprochen wird. Jeder sehnt sich danach mit sich in Einklang zu kommen. Jeder sehnt sich danach zu lieben und geliebt zu werden. Und er sehnt sich danach sich mit sich auszusöhnen, Vergebung zu erfahren und frei zu werden von quälenden Schuldgefühlen. All diese Begriffe drücken eine Erfahrung aus. Die Frage ist, wie ich den Menschen an diese Erfahrung heranführe. Der Weg zum Frieden geht über die Selbstannah-

me, aber auch über konkrete Wege wie Meditation, Gebet oder heilende Rituale.

Über Schuld darf ich nicht so sprechen, dass ich dem Menschen Angst mache. Ich muss vielmehr von seinen Erfahrungen ausgehen. Jeder kennt Schuldgefühle. Die Frage ist, wie ich damit umgehe, ob ich mich selbst zerfleische oder sie verdränge. Beides führt nicht weiter. Es kommt darauf an, dass ich von diesen Begriffen so spreche, dass der Mensch die Sehnsucht verspürt mit sich in Einklang zu kommen, in sich Liebe zu erfahren und frei zu werden von Schuld und Schuldgefühlen.

Sie haben auch ein Buch über das Thema Schweigen geschrieben. Warum ist es so wichtig zu schweigen und wie kann ich es lernen?

■ Sobald ich schweige, taucht viel Verdrängtes in mir auf: Enttäuschungen, Verletzungen, Leidenschaften. Viele fliehen vor diesen Gedanken in den Lärm der Welt oder in die maßlose Aktivität. Das Schweigen hat drei Stufen. Der erste Schritt besteht darin, die Realität anzuschauen, zu sehen, wie ich dran bin und was mein Inneres bewegt. Der zweite Schritt heißt loslassen, was mich ständig beschäftigt, eine innere Distanz schaffen zu dem, was mich bestimmen möchte. Psychologisch gesehen würde man das *Disidentifikation* nennen. Ich nehme wahr, was in mir ist, aber ich definiere mich nicht darüber. Ich nehme es wahr und distanziere mich davon. Ich habe Probleme, doch ich bin nicht meine Probleme. Ich habe Angst, doch ich bin nicht meine Angst. Beim dritten Schritt werde ich eins mit mir selbst und mit Gott. Schweigen will in die reine Präsenz führen. Ich bin ganz im Augenblick, einverstanden mit meinem Leben, eins mit mir, mit der Schöpfung, mit den Menschen und mit Gott. Ich denke nicht mehr über Gott nach, sondern ich bin in Gott.

Was würden Sie den Menschen raten? Nach welchen Kriterien sollten sie die richtige Tradition bzw. Form des geistlichen Lebens für sich aussuchen?

■ Es gibt viele verschiedene Formen des spirituellen Lebens, die für den Betreffenden gut sind. Es ist jedoch wichtig, richtige Kriterien zu wählen, anhand derer man sein geistliches Heranwachsen im praktischen Leben überprüft. Das geistliche Leben im Sinne Jesu führt immer zu einer lebendigen Dynamik, zu Freiheit, Liebe und Frieden. Um es mit den Worten des Apostels Paulus zu sagen: Ein gutes geistliches Leben trägt sichtbare Früchte. Diese sind Liebe, Freude, Friede, Langmut, Freundlichkeit, Güte, Treue, Sanftmut und Selbstbeherrschung (Gal 5,22).

VIII. Die Kirche im Supermarkt

Von der Kirche in der heutigen Welt

Unsere Zeit ist gekennzeichnet von einer neu erwachenden Religiosität. Worin besteht diese Rückkehr zum Glauben?
■ Der moderne Mensch denkt zwar nicht über metaphysische Kategorien nach, hat aber trotzdem ein Gefühl für Transzendenz. Er sehnt sich nach dem, was ihn überragt, was seinem Leben einen tieferen Sinn gibt. Der Mensch spürt, dass es ihm nicht genügt, viel Geld zu verdienen und sich ein angenehmes Leben zu machen. Die Sehnsucht der menschlichen Seele lässt sich nicht ersticken. Gerade dann, wenn die Grundbedürfnisse des Menschen – nach Essen und Trinken, nach Sicherheit usw. – gestillt sind, tauchen die geistlichen Bedürfnisse auf. Und dazu gehört auch die Sehnsucht nach Transzendenz, die Sehnsucht nach spiritueller Erfahrung.

In welchem Milieu, in welchen sozialen oder Altersgruppen können wir diese Tendenzen neuer Religiosität vor allem wahrnehmen?
■ Die neue Religiosität können wir vor allem bei den Intellektuellen wahrnehmen. Bei jungen Leuten sind es also vor allem die Studenten, aber auch viele sensible Menschen. Gerade in Menschen, die in sozialen Berufen tätig sind – etwa Krankenschwester, aber auch Bankangestellte und Beamte – kommt die religiöse Sehnsucht auf. Natürlich gibt es parallel dazu genügend Leute, die nur auf beruflichen Erfolg aus sind. Sie decken ihre spirituelle Sehnsucht zu. Bei ihnen kommt die Sehnsucht oft erst dann auf, wenn sie in eine Krise geraten.

Die Menschen haben heute zwar ein erhöhtes Interesse an Spiritualität, aber häufig suchen sie die Antwort nicht bei den traditionellen Kirchen. Mit anderen Worten, für ihre

Sehnsucht nach Gott brauchen viele nicht unbedingt die kirchliche Struktur.

■ Ja. Viele Leute suchen die Antwort auf ihre spirituelle Sehnsucht in östlichen Religionen oder in der Esoterik. Entweder kennen sie die christlichen Antworten kaum bzw. zu oberflächlich, oder aber sie wurden durch ihre christliche Erziehung eher verletzt und abgeschreckt, so dass sie dem Christentum und der Kirche nicht trauen. Sie sind überzeugt davon, nicht hier die Antwort auf ihre Bedürfnisse zu finden.

Handelt es sich dabei nur um einen modernen Trend, oder ist es ein Warnsignal für die Kirche?

■ Es ist sicher ein moderner Trend, dass der Mensch sich überall dort umschaut, wo er sich angesprochen fühlt. Der Supermarkt, in dem ich alles einkaufen kann, färbt auch ab auf die religiösen Bedürfnisse. Man spricht in letzter Zeit oft auch vom Supermarkt der religiösen Angebote. Doch für mich ist dies gleichzeitig ein Warnsignal an die Kirche. Zumindest muss sie sich fragen, warum die Menschen nicht bei ihr nach einer Antwort suchen. Offensichtlich haben die Kirchen noch nicht die Sprache gefunden, um auf die Fragen des heutigen Menschen zu antworten. Wenn ich mit einem suchenden Menschen über Gott sprechen möchte, muss ich bei seiner Sehnsucht anfangen, bei seiner Erfahrung mit der Transzendenz, die er vielleicht noch nicht als Erfahrung Gottes versteht, die ihm aber trotzdem die Möglichkeit gibt, das Geheimnis zu entdecken, das ihn überragt.

Handelt es sich nur um ein Problem der Sprache oder der Kommunikation, oder geht es um das gesamte Angebot? Die Kirche bietet allen Menschen das Gleiche an, nämlich die Sakramente. Doch viele suchenden Menschen sehen heute darin nur Rituale, die sie nicht verstehen und die sie nicht ansprechen.

■ Zuerst zur Sprache – sie ist nie nur etwas Äußerliches. In der Sprache drückt sich die Seele aus. Daher ist es wichtig, dass die Verkündiger des Evangeliums auf ihre Sprache achten. Allerdings kann man die neue Sprache nicht einfach erlernen. Es geht um Achtsamkeit gegenüber der Sprache. Und es geht darum, sich den eigenen Glaubenserfahrungen zu stellen, einen spirituellen Erfahrungsweg zu gehen, um dann die Sprache zu finden, die die Erfahrungen angemessen ausdrückt.

Die Sakramente sind heilende Rituale. Es sind zwar vorgegebene Rituale, und das mag manchem vielleicht zu theatralisch erscheinen. Aber sie können jeden in seiner Seele ansprechen, weil sie voll von archetypischen Bildern sind. Es ist nur wichtig, die Sakramente zu erklären und auf den heutigen Menschen hin zu deuten, sie so zu feiern, dass sie das Herz der Teilnehmenden berühren. Dafür brauchen wir in der Kirche Achtsamkeit, Liebe und eine immer neue Zuwendung zum Menschen mit seinen konkreten Problemen. Alle sieben Sakramente sind Berührungssakramente. Deshalb müssen die Menschen die liebende Berührung des Priesters spüren, damit sie sich von Jesus Christus berührt fühlen.

Kann die Kirche auch etwas deutlich anderes anbieten, ohne dabei ihre Identität und Sendung zu verlieren?
■ Die Kirche hat sicher eine wichtige soziale Aufgabe in unserer Gesellschaft. Ohne die sozialen Einrichtungen der Kirche wäre unsere Gesellschaft ärmer und unmenschlicher. Aber die wichtigste Bedeutung der Kirche liegt darin, ein Ort spiritueller Erfahrung zu sein. Die Kirche will die Menschen zu Gott führen. Daher liegt das größte Defizit der Kirche heute darin, dass sie offensichtlich für viele Menschen nicht mehr der Ort ist, an dem sie spirituelle Erfahrungen machen und von Gott berührt werden.

Das II. Vatikanum ging auf die Moderne ein. Doch die Moderne endete bereits in den sechziger Jahren. Wir befinden uns jetzt in der so genannten Postmoderne. Liegt das Problem nicht vielleicht darin, dass wir die heutige Welt mit Verspätung „lesen", weshalb sie uns immer wieder überrascht und unvorbereitet vorfindet?

■ Sicher, die Probleme der sechziger Jahre sind schon zu alt, sie liegen bereits vierzig Jahre zurück.

Das II. Vatikanum hat eine wichtige Aufgabe erfüllt, indem es die Theologie für die heutige Zeit öffnete. Inzwischen sieht sich die Kirche anderen Herausforderungen gegenüber. Die Kirche ist heute sensibel für den Dialog zwischen den verschiedenen Religionen. Da hat Papst Johannes Paul II. entscheidende Zeichen gesetzt. In anderen Fragen, wie z. B. in der Gentechnik, suchen viele Theologen den Dialog mit der Naturwissenschaft. Das ist sicher eine große Herausforderung für unsere Zeit. Was Hans Küng das Weltethos nannte, braucht die intensive Auseinandersetzung aller Religionen, aller philosophischen und theologischen Schulen auf der ganzen Welt.

Vor anderen Fragen steht die Kirche eher hilflos, etwa vor dem Phänomen, dass die spirituelle Suche unserer Zeit an der Kirche vorbeigeht oder vor der zunehmenden Säkularisierung und dem Verfall traditioneller Werte. Ich habe den Eindruck, dass die Kirche da zu wenig Kontakt zu den Sehnsüchten des heutigen Menschen hat. Für mich hätte die Kirche hier eine große Chance. Denn aus ihrer spirituellen Tradition heraus hat sie viel zu bieten – und das gerade unserer Gesellschaft, die heute eine große Orientierungslosigkeit erlebt. Allerdings darf sie nicht der Versuchung erliegen, wieder die alten Antworten zu geben. Diese sprechen zwar die psychisch labilen Menschen an, aber kaum die suchenden.

Was verstehen Sie unter den alten Antworten?

■ Die alte Antwort der Kirche lautet: Die Menschen erfahren in Jesus Christus Heil und Heilung und werden von ihm zu einer neuen Gemeinschaft zusammengeführt. Das ist zwar wahr und gerade dieses neue Miteinander ist in unserer Zeit sehr wichtig. Aber andererseits dürfen wir besonders im Zeitalter des Individualismus auch die Hinwendung Jesu zu jedem Einzelnen ernst nehmen. Jesus will den Einzelnen aufrichten, ihm vermitteln, dass er bedingungslos geliebt wird. Jesus möchte die Menschen von ihrer Angst befreien und ihnen ein tragfähiges Vertrauen in Gottes heilende und liebende Nähe vermitteln. Diese Botschaft den Menschen jeder Zeit zu verkünden und erfahrbar zu machen, ist die bleibende Aufgabe der Kirche. Die Kirche muss die Verkündigung nicht neu erfinden, sondern nur die alte Botschaft der Bibel in einer neuen Sprache zum Ausdruck bringen.

Welche der menschlichen Fragen, die die Kirche beantworten sollte, halten Sie für besonders dringend?
■ Die Menschheit wird im dritten Jahrtausend vielen Zwängen ausgesetzt werden. Eine wichtige Botschaft der Kirche ist dabei die Freiheit des Menschen. Wie definiere ich mich? Definiere ich mich von Erfolg oder Misserfolg, von Zustimmung oder Ablehnung oder aber von Gott her? Die Kirche muss dem Menschen eine verständliche Lebensalternative vermitteln: dass er nämlich nur dann seiner Würde entsprechend leben kann, wenn er seine wahre Freiheit in Gott findet. Jesus als das wahre Bild des Menschen, wie es uns der Evangelist Lukas gezeichnet hat, Jesus als der Anführer zum Leben, als der Lehrer wahrer Weisheit, als der spirituelle Mensch, müsste heute wieder so verkündet werden, dass er die Herzen der Menschen berührt und für das wahre Leben öffnet. Nach dem Leben sehnen sich heute alle. Aber viele verwechseln Leben mit möglichst viel erleben. Jesus möchte uns einführen in die Kunst, wirklich und wahrhaft zu leben.

Das Problem liegt darin, dass der Mensch heute auf die Beschneidung seiner persönlichen Freiheit allergisch reagiert. Er sehnt sich nicht nach einer Institution, die sich in sein Leben mischt und ihm vorschreibt, was er denken soll. Gerade für so eine Institution hält er aber oft die Kirche. Was kann man da machen?
■ Die Kirche kann heute nicht mehr autoritär als Alleinvertreterin der Wahrheit auftreten. Sie muss den Dialog mit dem heutigen Menschen wagen, der auf seine Freiheit bedacht ist. Das erfordert, dass sie die Bedürfnisse der modernen Gesellschaft in ihrer Komplexität und Vielfalt verstehen lernt, um

mit den Menschen über den Sinn des Lebens, über die Heilung ihrer Wunden und über ihre tiefste Sehnsucht zu sprechen.

Worin liegt das Wesen der wahren Freiheit? Worin lag die Freiheit für die Wüstenvätert?

■ Das Wesen der Freiheit besteht darin, dass kein Mensch Macht über mich hat und dass bestimmte Haltungen und Stimmungen, Trends oder ideologische Verhaltensmuster mich nicht beherrschen, dass ich von keinem Menschen und von keiner Laune abhängig bin, sondern in Freiheit über mich und meine Handlungen verfügen kann. Für die Wüstenväter bedeutete es die Freiheit von Süchten und Leidenschaften. Nur wenn Gott in seiner Seele herrscht, ist der Mensch wahrhaft frei.

Zurück zur Kirche. Wie kann sie auf den Menschen im dritten Jahrtausend anziehend wirken?

■ Für mich sind in Hinblick auf die heutige Kirche drei Bilder wichtig. Die Kirche sollte zu einem Ort werden, wo der Mensch eine spirituelle Erfahrung machen kann – das ist das Bild der mystischen Kirche. Zweitens sollte sie Raum für eine neue Art von Gemeinschaft schaffen, d. h. Raum für die Verständigung der Menschen untereinander. Das gilt sowohl im Rahmen der Weltkirche unter allen Völkern als auch für die Lokalkirchen. In der lokalen Gemeinschaft sollten sich Reiche und Arme, progressive und konservative Gläubige, Einheimische und Zuwanderer treffen und eine wahre Gemeinschaft bilden. Heutzutage fühlen sich viele Menschen einsam und verloren in der anonymen Menge. Diese sollten in der Kirche ihre Heimat finden. Drittens sollte die Kirche christliche Lebenskultur und eine Anleitung zum gesunden Leben vermitteln, zu dem selbstverständlich gesunde Lebensgewohnheiten gehören. In erster Linie sind es heilbringende Elemente – Gebet und das geistliche Leben überhaupt –, ferner aber auch ein richtiger Tagesablauf sowie gesunde Rituale. Kurz gesagt: alles, was ein gesundes Leben möglich macht. Das Christentum sollte zu einer sichtbaren Kultur werden, in der der Mensch seine eigene Würde erfährt. Dies sind meine drei wichtigsten Bilder von der Kirche.

Ist aber die heutige Kirche reif, in ihren Gläubigen zur Trägerin dieser Vision zu werden?

▪ Momentan kreist die Kirche zu sehr um sich selbst. Sie leckt ihre Wunden und ist deshalb unfähig, sich den Wunden der Menschen zuzuwenden. Aber ich habe trotzdem Hoffnung und Vertrauen, dass in der Kirche immer wieder Menschen und Gruppen aufstehen, die der Welt eine neue Vision schenken. Letztlich bietet die Kirche den Menschen die Vision Jesu. Aber diese Vision von einem Leben aus dem Vertrauen und der Liebe darf nicht in einer moralisierenden Sprache verkündet werden, sondern in dem Vorleben eines neuen Miteinander, das auch in einer neuen Sprache zum Ausdruck kommt.

Wir stellen die Frage anders: Ist die Kirche überhaupt auf den Einstieg in das neue Jahrtausend vorbereitet? Lebt in ihr tatsächlich der Geist der Buße für die früheren Sünden, auf die Papst Johannes Paulus II. in den letzten Jahren hinwies? Wenn man mit manchen Christen spricht, tun sie so, als hätte sich ihre Kirche für nichts zu entschuldigen.

▪ Es war ein mutiger und zugleich längst fälliger Schritt, den der Papst mit dem Eingeständnis kirchlicher Schuld gemacht hat. Die Welt hat diesen Schritt sehr wohlwollend aufgenommen. Manche waren aber auch ratlos. In der Kirche gab es neben Zustimmung auch kritische Stimmen. Vor allem Menschen mit einem zu hohen Idealbild von der Kirche taten sich mit dem Schuldbekenntnis „mea culpa" des Papstes im März 2000 schwer. Anderen wiederum ging es nicht weit genug. Manche Katholiken waren schmerzlich berührt davon, dass sich die Kirche immer noch schwer tut, ihren autoritären und verletzenden Umgang mit kritischen Theologen – wie etwa Bernhard Häring, Karl Rahner oder Henri Lubac – oder das Unrecht gegenüber der Ordensgründerin Mary Ward einzugestehen. Da gäbe es durchaus noch einiges zu bereinigen.

Zur Zeit spricht man von der Kirche übertrieben kritisch. Kritik erhebt sich auch innerhalb der Kirchengemeinschaft. Wo liegt Ihrer Meinung nach die Grenze zwischen gesunder und ungesunder Kritik in der Kirche? Worauf sollte sich die berechtigte Kritik stützen?

▪ Ein zu hohes Maß an Kritik ergibt sich meist daraus, dass an die Kirche ziemlich hohe Anforderungen gestellt werden. Wir wollen vor allem das Bild der heiligen Kirche sehen und finden dabei viele schlechte Menschen in ihr. Also wird ein Sündenbock ausgesucht, auf den man die Schuld legen kann.

Wenn ich Kritik übe, ist es wichtig, dass ich daran denke, dass auch ich mich ändern muss und jeder Mensch seine Schwächen hat. Wenn ich mir dessen bewusst bin, kann ich die Dinge, die nicht in Ordnung sind, genauer benennen, z. B. Heuchelei in manchen Kirchenstrukturen oder Machtmissbrauch durch bestimmte Personen. Ich darf jedoch nie verurteilen oder Dinge nur schwarz-weiß sehen in dem Sinne, dass auf der einen Seite nur die Guten, auf der anderen nur die Bösen sind. Die Wirklichkeit ist immer mehrfarbig.

Wie sehen Sie in diesem Zusammenhang die Spannung innerhalb der Kirche zwischen den Strömungen der so genannten Konservativen und der Progressiven? Handelt es sich um natürliche Phänomene, mit denen man sich aussöhnen sollte, oder um etwas Negatives, das man überwinden muss?

▪ Das Leben spielt sich immer zwischen zwei Polen ab. So gehören auch der konservative und der progressive Pol zueinander. Es ist gesund, wenn die Menschen zwischen diesen Polen schwanken, denn in jedem von uns ist beides vertreten. Jeder von uns braucht die gesunden Wurzeln der Vergangenheit, um wachsen zu können. Aber jeder braucht auch ein Ziel, die Möglichkeit, sich nach vorne zu strecken, um Neues zu erreichen. Die Spannung in jedem einzelnen Menschen erlebt auch die Kirche insgesamt. Das ist in einem bestimmten Maße ganz normal und gesund: Spannung erzeugt Energie und hält die Gemeinschaft lebendig. Gefährlich wird es nur, wenn ein Pol absolut gesetzt und der andere unterdrückt wird. Dann ist alles einseitig, manchmal auch böse, krank und falsch.

Wie schätzen Sie in diesem Zusammenhang die Bewegung „Wir sind Kirche", die sich zur Zeit in den deutschsprachigen Ländern vor allem bei den Laien großer Sympathie erfreut?

■ Diese Bewegung hat sicher eine sehr wichtige Funktion. Sie bietet engagierten Laien ein Forum, wo sie ihre Sehnsucht nach einer Kirche der Freiheit und Lebendigkeit zum Ausdruck bringen können. Wichtig ist auch hier, dass sich die Bewegung nicht verabsolutiert, sondern im Dialog bleibt mit den offiziellen Vorstehern der Kirche. Soweit ich sehe, findet dieses Gespräch statt. Daran ändert auch die Tatsache nichts, dass manche Positionen dieser Bewegung über das Ziel hinausschießen und immer mehr fordern, als realistisch ist. Auch das ist legitim. Wenn man etwas erreichen will, muss man immer ein bisschen mehr fordern, als momentan durchsetzbar ist. Man muss träumen dürfen von einer Kirche der Zukunft, auch wenn nicht alle Träume in Erfüllung gehen.

Wie kann man gesunde und ungesunde Bewegungen und Neuaufbrüche in der Kirche unterscheiden? Wann sind sie eine Quelle der Spaltung oder Eifersucht und wann dienen sie einer wahren Entfaltung des Lebens?

■ Gesunde Bewegungen lassen Menschen, sich auf die Welt hin bewegen. Ungesunde Bewegungen sprechen nur Menschen an, die sie für sich vereinnahmen. Gesunde Bewegungen sind offen für die Welt, ungesunde sind in sich abgeschlossen. Sie sind in Gefahr, sektiererisch zu werden. Ungesunde Bewegungen spalten wichtige Bereiche der menschlichen Seele ab, wie etwa Sexualität und Aggression. Das Abgespaltene wird dann auf andere Menschen projiziert und führt zur Spaltung. Jede Bewegung, die spaltet, kann sich aber nicht auf Jesus Christus berufen. Wenn die Bewegung nur um sich kreist und möglichst viele Mitglieder für sich gewinnen will, dann wird sie von Eifersucht und Neid geprägt und ist unfruchtbar für diese Welt. Nur wenn eine Bewegung sich selbst vergisst, den Menschen und der Welt dient, ist sie auf Dauer gesund und entspricht dem Geist Jesu.

Wo liegen Ihrer Meinung nach die Probleme der konservativen Gruppierungen in der Kirche? In Deutschland haben Sie zum Beispiel die Priesterbruderschaft des heiligen Petrus und in Tschechien gibt es gerade Schwierigkeiten mit der katholischen theologischen Fakultät wegen ihres zu großen Konservatismus.

■ Die ultrakonservativen Gruppierungen verfolgen das berechtigte Anliegen, die Tradition und ihre spirituellen Schätze zu wahren. Doch erlebe ich bei vielen ultrakonservativ orientierten Menschen, dass die wahre Sorge von Angstgefühlen überschattet wird. Der Schweizer Therapeut Theodor Bovet meinte einmal, Ideologie sei Vaterersatz. Viele Vertreter der konservativen Gruppierungen haben kein Rückgrat. Und so brauchen sie die Ideologie und die starren Normen als Rückgratersatz. Es sind oft labile und ängstliche Menschen, die sich von der konservativen Richtung Halt und Sicherheit versprechen. Auch das ist legitim. Doch wenn es nur die äußeren Formen und Normen sind, die Halt geben sollen, findet man nicht das Leben, das Jesus verkündet und geschenkt hat. Jesus war nicht konservativ. Er hat vom Buchstaben nicht viel gehalten, sondern ist seinem Herzen gefolgt, das durch seine intensive Gottesbeziehung für alle Menschen weit offen war.

Wie sieht es mit Ihnen selbst aus? Stempelt man Sie als Progressisten oder als Konservativen ab?

■ Viele Konservative halten mich für einen Progressisten. Manchmal schieben sie mich auch in die esoterische Ecke. Sie meinen, meine Aussagen seien nicht mehr christlich, sondern esoterisch. Andere behaupten, meine Texte enthielten zu viel Psychologie. Manche Progressive halten mich eher für konservativ, weil es mir ein Anliegen ist, den Schatz der Tradition hochzuhalten und zu wahren. Aber solche Etikettierungen sagen mehr über diejenigen aus, die sie vornehmen, als über mich. Mich freut es eher, dass meine Bücher sowohl in progressiven wie in konservativen Kreisen gelesen werden. Vielleicht schlagen sie eine Brücke zwischen diesen beiden Polen, weil beide Pole zum Christsein, ja zum Leben überhaupt, gehören.

In letzter Zeit spricht man oft von der charismatischen und der institutionellen Dimension der Kirche. Welche Beziehung herrscht zwischen diesen beiden Dimensionen, und welche Rolle sollten sie in Zukunft spielen?

■ Man könnte die charismatische Dimension der Kirche auch die prophetische nennen. Die Kirche soll Sauerteig für diese Welt sein oder wie Jesus sagt: Licht und Salz für die Welt. Das bedeutet, dass sie die Zeichen der Zeit zu erkennen versucht und eine gewisse Unruhe an den Tag legt, dass sie ein Gespür entwickelt für das, was Gott heute von uns und für uns will. Daneben hat die Kirche als Gemeinschaft so vieler Menschen auch eine institutionelle Dimension. Eine Gesellschaft braucht eine Struktur. Aber im Gegensatz zum Staat sollte sich die Kirche immer bewusst sein, dass die Strukturen nur Hilfskonstrukte darstellen, damit der Geist Jesu sich in dieser Welt ausbreiten kann. Sie dürfen nicht zum Selbstzweck werden.

Schon im Johannesevangelium zeigt sich die Spannung zwischen der Liebeskirche, d. h. der Gemeinde der Jünger um den Apostel Johannes, und der Amts-, also der Petruskirche. Doch im Johannesevangelium wird sichtbar, dass beide „Kirchen", beide Gemeinschaften sich gegenseitig brauchen und es daher keine Spaltung geben darf. Wenn wir beide Pole anerkennen, entsteht eine gesunde Spannung, in der ein Pol vom anderen leben kann.

Was erfüllt Sie mit Hoffnung in Hinblick auf die heutige Kirche?

■ Es erfüllt mich mit Hoffnung, dass auf der ganzen Welt die Kirche immer wieder neues Leben hervorbringt. Auch wenn es etwa in der deutschen Kirche Lähmungserscheinungen gibt, gibt es doch auch hier an vielen Orten Neuaufbrüche, lebendige Gemeinden, lebendige Ordensgemeinschaften, vorbildliche Christen usw. Und ich glaube, dass es auf der ganzen Welt so ist. Gerade in Lateinamerika und in Afrika, aber auch in Korea und anderen Ländern Asiens zeigt die Kirche eine neue Frische und Lebendigkeit. Da spüre ich den Geist Jesu am Werk. Und darauf vertraue ich, dass dieser Geist Jesu sich bei allem Ungeist, der sich immer wider in die Kirche einschleicht, doch durchsetzt und neues Leben zeugt.

Welche Rolle können hier die neuen geistlichen Bewegungen spielen?
■ Die geistlichen Bewegungen haben in der Kirche viel in Bewegung gesetzt. Allerdings gibt es auch geistliche Bewegungen, die eher wie ein Strohfeuer wirken. Doch die Kirche lebt davon, dass immer wieder Menschen aufstehen und andere um sich sammeln, die den Geist Jesu auf ihre Weise zu leben versuchen. Der Heilige Geist drückt sich in vielfältigen Gaben aus. Die geistlichen Bewegungen spiegeln etwas wieder von der Vielfalt des Geistes.

Wie sehen Sie die Stellung des Priesters am Anfang des dritten Jahrtausends? Was sollte er für den gläubigen Menschen sein: geistliche Autorität, Begleiter, Vater, Ratgeber oder nur Austeiler der Sakramente?
■ Wenn wir in der Religionsgeschichte nachsehen, so hatte der Priester in der Vergangenheit viele Funktionen. Er war Schützer des Heiligen, Hüter des Feuers, Ratgeber, Traumdeuter, Seelsorger, Therapeut. Für mich sind vor allem zwei Aufgaben des Priesters heute gefragt: Er soll Schützer des Heiligen und Seelsorger sein. Als Schützer des Heiligen soll er mit dem heiligen Raum in sich selbst in Berührung kommen. Er muss ein spirituelles Leben führen, aus der inneren Quelle heraus leben. Dann wird er in den Menschen das Heilige schützen können. Er wird für ihre Würde eintreten. In jedem Menschen ist etwas Heiliges, Unantastbares verborgen. Dafür soll der Priester eintreten in einer Welt, in der

der Mensch oft nur noch in seiner Brauchbarkeit gesehen wird. Zum anderen soll er Seelsorger sein. Dazu braucht er psychologische Kenntnisse und eine große Liebe zum Menschen. Er muss sich in seiner eigenen Seele auskennen, um für die Seele anderer sorgen zu können. Und er braucht Achtsamkeit und Behutsamkeit, damit die Menschen sich von ihm verstanden fühlen und durch ihn neue Hoffnung und Zuversicht bekommen.

Welche Rolle fällt dem Bischof zu? Den Menschen sprechen heute Bischofsgewand, Bischofsstab und Mitra immer weniger an. Dabei sieht er den Bischof – dank der Medien – immer öfter nur in dieser Rolle beim Gottesdienst, bei der Kirchen- und Kapellenweihe usw.

■ Der Bischof ist Hüter und Hirte. Natürlich ist er auch Vorsteher einer Diözese. Für mich ist es wichtig, dass wir die spirituelle Dimension dieses Amtes wieder neu entdecken. Der Hirte leitet die Herde, gibt ihr Struktur und führt sie auf die Weide, damit sie Nahrung findet. Der Bischof braucht also ein Gespür dafür, wofür sich der Mensch heute interessiert, woraus er lebt, was ihn – bildlich gesprochen – wahrhaft nährt. Aber er muss auch klug sein, um den einzelnen Gemeinden und letztlich auch der ganzen Diözese eine Struktur zu geben, die nicht zum Selbstzweck wird, sondern dem Leben dient. Und der Bischof soll Hüter des Lebens sein. Er soll auf der Hut sein, um gegen alle Tendenzen einzutreten, die den Menschen am wahren Leben hindern.

Könnten Sie ein Beispiel nennen?

■ Dazu gehört z. B. die einseitige Gewinnorientierung des Kapitalismus. Gegen diese Tendenzen einzutreten und die soziale Bindung des Kapitals einzuklagen, ist für mich Aufgabe des Bischofs. Aber auch die immer mehr um sich greifende Verrechtlichung des Lebens behindert das Leben. Da wäre es wichtig, die Gesetze zu relativieren und für die Menschen einzutreten, die unter den rigiden Vorschriften leiden, etwa unter Asylgesetzen.

Kehren wir nochmals zum Priesterdienst zurück. Manche Priester geben zu, dass sie nach einer gewissen Zeit völlig erschöpft, sozusagen innerlich ausgebrannt sind. Vor allem dann, wenn sie mehrere Pfarreien mit wenig Gläubigen betreuen müssen, wie es oft in Tschechien der Fall ist.

■ Es ist heute ein Teufelskreis. Da es immer weniger Priester gibt, bürdet man ihnen immer mehr Aufgaben auf. Das führt dazu, dass dieser Beruf immer unattraktiver wird und immer weniger Menschen ihn ergreifen. Aber da der einzelne Priester diesen Teufelskreis nicht brechen kann, muss er für sich herausfinden, was ihm hilft. Meiner Meinung nach ist da der spirituelle Weg wichtig. Wenn ich mit meiner inneren Quelle in Berührung bin, kann ich viel arbeiten, ohne zu erschöpfen. Es ist für mich eine spirituelle Herausforderung bei allem, was ich tue, durchlässig zu sein für den Geist Jesu. Ich weiß, das kann man leichter sagen als realisieren, aber mit dem Wissen, dass Jesus bei mir ist, ist mein Tun nicht anstrengend. Denn ich stehe nicht unter Druck, die Erwartungen der Menschen oder meine eigenen Ansprüche zu erfüllen. Der andere Weg besteht darin, dass ich mir immer wieder über die Prioritäten meiner Arbeit Gedanken mache. Einfacher gesagt: Nicht alles, was die Priester mit viel Anstrengung erledigen, müssen sie unbedingt selbst tun.

Manche Priester haben Schwierigkeiten, mit den Laien zu kommunizieren. Die Laien haben manchmal dank des Laienstudiums dieselbe theologische Bildung und sind nicht mehr darauf angewiesen, was ihnen der Priester sagt. Die Priester spüren, dass ihre Autorität in der Gemeinde gefährdet ist und sie halten sich solche Laien lieber vom Leibe. Worin soll die Achtung für die Priester gründen?

■ Zur Stärke eines Menschen gehört es, dass er andere mit ihren Fähigkeiten gelten lässt. Der Priester kann nicht alles bewältigen – er muss weder als Theologe noch als Leiter einer Gemeinde der Beste sein. Aber er muss die Fähigkeiten des Einzelnen für seine Gemeinde fruchtbar werden lassen. Wenn er aus der eigenen Mitte heraus lebt, wenn er aus einer tiefen

Beziehung zu Christus Gottesdienst feiert und den Menschen begegnet, dann wird er Achtung erfahren. Vor allem die spirituelle Kompetenz des Priesters ist in Zukunft gefragt.

Was bedeutet das?
▪ Spirituelle Kompetenz heißt für mich, dass der Priester selbst einen spirituellen Weg geht und geistliche Erfahrungen macht. Und es bedeutet für mich, dass der Priester Menschen versteht, die zu ihm kommen, um von ihren geistlichen Erfahrungen zu sprechen. Daher soll der Priester vor allem ein Mann des Gebetes sein. Das heißt nicht, dass er möglichst viele Gebete verrichtet, sondern dass er sein Leben aus dem Gebet heraus lebt und dass er Methoden der Meditation und des inneren Weges kennt und selbst praktiziert.

Worauf sollte also die natürliche Autorität des Priesters bzw. des Bischofs beruhen?
▪ Die wahre Autorität sollte sich darauf stützen, dass er in den Menschen Leben erwecken will und danach strebt, dass dieses Leben weiter wächst. Die Autorität ist also in erster Linie nicht eine Frage von Entscheidungen, sondern eine Frage des Mehrens von Leben (Autorität kommt von augere = mehren). Der Priester braucht sicherlich die spirituelle und liturgische Kompetenz, er braucht aber auch die Kompetenz zur Führung der anderen. Wenn er also in seinem Bereich kompetent ist, bekommt er auch die Grundachtung der anderen. Er darf sich aber nicht weiter auf seine Kompetenzen verlassen oder sich auf seine formale Autorität berufen. Diese kann er ganz natürlich gewinnen.

Wie?
▪ Entscheidend ist zunächst, dass Bischöfe und Priester spirituelle Menschen sind. Zudem ist es wichtig, dass sie in sich bzw. in Gott ruhen, dass sie ausgeglichen sind und nicht ihre verdrängten Seiten auf andere projizieren. Priester und Bischöfe müssen lernen, sich Konflikten zu stellen und diese sachlich anzugehen. Wenn sie mit ihrem Leben überzeugen,

gewinnen sie eine natürliche Autorität, und die Menschen werden annehmen, was sie verkünden.

Sind Sie damit einverstanden, dass sich die richtige geistliche Führung darauf richten sollte, dass der Mensch seinen Seelsorger immer weniger braucht und immer mehr in der Lage ist, als reife christliche Persönlichkeit selbst Entscheidungen zu treffen?

■ Der Christ ist bereits mündig. Er lässt sich gar nicht mehr wie früher autoritär führen. Wenn er spürt, dass die Führung autoritär geschieht, dann verzichtet er darauf. Er nimmt sie nicht mehr in Anspruch. Andererseits gibt es eine große Sehnsucht nach geistlicher Begleitung. Wenn Menschen zum Beispiel in eine Lebenskrise geraten, dann suchen sie nicht nur bei Therapeuten Hilfe, sondern sie greifen gerne auf die geistliche Begleitung zurück. Geistliche Begleitung ist heute immer gefragter. Die Kirche müsste auf diese Sehnsucht auf neue Weise antworten. Allerdings ist da vor allem der Seelsorger gesucht, der die Probleme der heutigen Menschen versteht und der mit dem Menschen geht, bis er wieder mehr Boden unter den Füßen hat.

Was soll aber der Priester tun, der das Leben in der Pfarrei ändern und mehr Laien zur Mitarbeit heranziehen möchte, dabei jedoch auf totales Desinteresse oder sogar Missfallen stößt. Wie soll er damit umgehen?

■ Für viele Priester ist es frustrierend, dass ihre Bemühungen um eine Verlebendigung der Gemeinde auf Unverständnis oder gar auf Widerstand stoßen. Es gibt zwei Wege damit umzugehen. Der erste Weg ist, gut in die Menschen hineinzuhorchen. So kann der Priester erfahren, was ihre tiefsten Sehnsüchte, Wünsche, Sorgen, Freuden und Bedürfnisse sind. Er muss immer neu lernen, wie er behutsam mit ihnen umgehen und sie für den Geist Jesu öffnen kann. Es bedarf großer Achtung und Behutsamkeit im Umgang mit Menschen. Ich darf meine Ideen nicht absolut setzen und muss ein Gespür dafür entwickeln, ob es einfach nur meine Ideen sind oder ob sie den Menschen wirklich helfen können. Und der zweite Weg wäre, sich eine andere Gemeinde zu suchen. Es gibt auch Gemeinden, für die ich nicht der geeignete Priester bin. Nach dem Bewerten meiner Situation soll ich dann akzeptieren, dass ich mit meiner Struktur besser in eine andere Gemeinde passe.

Ein solcher Priester kann aber den Eindruck bekommen, dass er als Hirte versagt hat und jetzt flüchtet, dass ihn Gott auf diese Stelle bestellt hat, er sie aber eigenwillig verlassen möchte.

■ Es ist sicher nicht gut, dass der Priester die Gemeinde wechselt, sobald Konflikte auftauchen. Der erste Weg wäre, sich diesen Konflikten zu stellen und gemeinsam mit dem Pfarrgemeinderat nach Wegen zu suchen, wie diese Konflikte zu lösen sind. Wenn der Priester beispielsweise mit seinen Predigten nicht gut ankommt, dann sollte er sich fragen, warum das so ist. Was müsste er lernen, um so zu predigen, dass die Menschen davon berührt werden? Allerdings muss der Priester auch wissen, dass er es nie allen recht machen kann. Er muss sich also von der Illusion verabschieden, bei allen beliebt zu sein. Erst wenn der Priester über längere Zeit spürt, dass er in dieser Gemeinde nicht wirken kann, dass ihn die Arbeit zu viel Energie kostet und sich sein Herz dagegen sträubt, sollte er überlegen, die Gemeinde zu wechseln. Gottes Wille zeigt sich dort, wo der Priester mehr inneren Frieden und Freiheit spürt. Wenn der Gedanke an eine neue Pfarrei im Priester neue Lebendigkeit weckt und wenn es ihn innerlich ruhig macht, dann ist es ein Zeichen dafür, dass dies Gottes Wille ist.

Gibt es ein Rezept dafür, wie man Laien in das Pfarrgemeinde- oder Kirchenleben einbeziehen kann, damit sie nicht nur eine passive Rolle spielen?

■ Der Priester sollte dankbar sein, wenn die Laien – etwa im Pfarrgemeinderat – Verantwortung für das Leben in der Gemeinde übernehmen. Oft wurden die Laien gerade dort passiv, wo sie den Eindruck hatten, dass sie nichts beeinflussen können, dass niemand ihre Fähigkeiten braucht. Manchmal haben sie bei dem Priester einen menschlichen Zugang vermisst.

In einer lebendigen Gemeinde gibt es Laien, die sich verantwortlich fühlen für eine gute Liturgiegestaltung, andere für die Evangelisierungs- oder Missionsarbeit, andere für die Alten- und Krankenbetreuung oder für die Randgruppen. Außerdem ist es wichtig, Laien als Kommunionsspender oder Lektoren oder Wortgottesdienstleiter auszubilden und sie so in die Gemeinde einzubinden. Wer nützlich und aktiv dabei sein kann, hat auch mehr Freude an der Gemeinde. Allerdings darf der Priester einzelne Laien auch nicht überfordern. Er sollte die Verantwortung und die Arbeit auf möglichst viele verteilen.

Unter den Laien spielen seit langem die Frauen in den Gemeinden eine besondere Rolle. In der Welt von heute nehmen sie ganz selbstverständlich ihren Platz ein, und sie sind auch im Raum der Kirche selbstbewusster geworden. Zum Teil wenden sie sich aber – nicht nur im deutschen Raum – verstärkt von einer Kirche ab, die an einer theologischen Deutung der Stellung der Frau festhält, wie sie sich unter ganz anderen gesellschaftlichen und kulturellen Voraussetzungen in der christlichen Kirche entwickelt hat. Was könnte die Rolle der Frauen in einer Kirche der Zukunft sein?

■ Es ist wichtig, dass die Frauen ihr ureigenstes Charisma in die Kirche einbringen. Da ist einmal eine neue Sichtweise des Glaubens. Frauen interpretieren die Bibel anders. Sie sehen manches, was Männer übersehen. Frauen entwickeln neue Formen von Liturgie. Sie haben Sinn für Rituale. Und sie haben ein gutes Gespür für Echtheit. Sie entlarven Ideologisierung, Machtgehabe, Sichverstecken hinter scheinbar logischem Argumentieren. Frauen sollen ihrem Gespür trauen und sich nicht von männlicher Logik überrennen lassen. Natürlich wäre es auch sinnvoll, wenn Frauen die gleichen Ämter freistünden wie Männern, d. h. wenn auch Frauen zu Diakoninnen und Priesterinnen geweiht würden. Bis das geschieht, wird es vermutlich noch etwas dauern. Bis dahin

sollten sie auf jeden Fall das Priesterliche in sich weiter entdecken. Priesterinnen sind Hüterinnen des Feuers. So war es
bei den Vestalinnen in Rom. Frauen sollen als Priesterinnen
das Feuer der Liebe in dieser Welt hüten. Sie sollen das Heilige in sich hüten und so den Menschen Zugang vermitteln zu
ihrem eigenen Heiligtum, das in ihrem Herzen ist, dort, wo
Gott in ihnen wohnt.

*Kehren wir noch nochmals zur Kirche zurück. Wie verste-
hen Sie die Forderung des französischen Theologen Yves
Congar nach der armen und dienenden Kirche? Wie könnten
sich die Armut und der Dienst der Kirche heute konkret äu-
ßern?*

■ Das Konzil hat die Armut als wesentliches Kennzeichen
der Kirche gesehen. Arm ist die Kirche, wenn sie sich den
Armen zuwendet und ihr Leben mit den Armen teilt. Ande-
rerseits braucht die Kirche als Institution immer auch Geld.
Die Frage ist jedoch, wie sie mit dem Geld umgeht und ob
sie es für die Armen einsetzt. Innerlich frei und arm ist die
Kirche, wenn sie nicht an Geld, Besitz oder prestigereichen
Projekten hängt und „arm dem armen Jesus nachfolgt". Die
Armut der Kirche könnte heute einerseits in einem einfachen Lebensstil, andererseits im Einsatz für die Armen
deutlich werden. Aber nicht nur das. Die Kirche muss ihre
Stimme für die Armen erheben und auf ungerechte Struktu-
ren in der Welt aufmerksam machen.

*Denken Sie, dass die heutige Kirche arm ist? Wenn wir den
Lebensstandard junger Familien mit dem mancher Priester
oder Ordensleute vergleichen (Auto, Einrichtung der Pfarrei
oder des Klosters, Verpflegung usw.), so könnten Familien
mit mehreren Kindern direkt neidisch werden ...*

■ Man darf Armut nicht allein im Lebensstandard sehen.
Sonst kann Armut zur Lebensverneinung werden. Wenn ich
mir jedes Bier verbiete, weil die Armen in Afrika auch keines
trinken dürfen, dann bekommt Armut etwas Moralisierendes.
Armut zeigt sich im einfachen Lebensstil, aber vor allem in

der Bereitschaft, mein Leben und meinen Besitz mit den Armen zu teilen. Und es ist sicher eine dauernde Herausforderung für Priester und Ordensleute, über ihre Armut nachzudenken und sie nicht rein geistlich zu verstehen. Sie kann auch gemessen werden, etwa im Vergleich mit dem Lebensstandard junger Familien.

Kennen Sie das Gefühl, dass Sie an einer materiellen Sache hängen?
■ Ich muss als Cellerar dafür sorgen, dass die Abtei die Löhne der Angestellten bezahlen kann. Um das Geld zu verdienen, muss ich die Betriebe der Abtei profitabel gestalten, und ich muss gut mit Geld umgehen. Da kenne ich in mir schon die Tendenz, mich vom Erfolg bestimmen zu lassen. Geld übt eine eigene Faszination aus. Es wird dann für mich zur spirituellen Herausforderung, mich davon zu distanzieren. An äußeren Dingen hänge ich wenig. Natürlich liebe ich meinen CD-Player, weil ich gerne gute Musik höre. Aber die Welt würde nicht untergehen, wenn ich keinen hätte.

Andererseits ist Besitz sicher keine Sünde, vor allem wenn er rechtmäßig erworben wurde. Wie soll aber etwa ein erfolgreicher Unternehmer erkennen, wann er sparsam ist und wann er schon an seinem Besitz hängt?
■ Der Unternehmer muss sein Unternehmen finanziell absichern. Er braucht Rücklagen, um die Zukunft zu sichern, vor allem wenn es schlechte Zeiten durchstehen muss. Aber jeder muss sich vor dem Sog hüten, den Geld ausübt. Wenn einer immer mehr will und kein Maß findet, dann wird er vom Besitz beherrscht. Wichtig ist die Verantwortung gegenüber den anderen Menschen. Wenn ich ihre Rechte und Bedürfnisse nicht mehr wahrnehme, dann bin ich schon Sklave meiner eigenen Lebensvorstellung.

„Zeit der Orden", so hieß ein Buch von Johann B. Metz in der Nachkonzilszeit. Es gab die Hoffnung, dass die Orden mit ihrer zeichenhaften Existenz dabei eine besondere Vor-

reiterrolle spielen würden. Wie sehen Sie das unter heutigen Vorzeichen?

■ Wenn ich mit Ordensleuten rede, fühle ich in manchen Orden sehr wohl eine Aufbruchsstimmung oder zumindest eine freie und offene Atmosphäre. Wenn ich mit Weltpriestern spreche, höre ich viel mehr jammern: Man fühlt sich ohnmächtig zwischen den Vorgaben aus Rom und den Anforderungen der pastoralen Arbeit in der Gemeinde. Für mich sind die Orden nach wie vor Freiräume, in denen der Heilige Geist immer wieder neue Aufbrüche hervorbringt. Die Orden sind nicht eingebunden in die Amtskirche. Sie müssen nicht soviel Rücksicht nehmen auf die Hierarchie. Die Weltpriester sind oft Einzelkämpfer. Die Chance der Orden besteht darin, gemeinsam Visionen zu entwickeln und Projekte anzugehen. Ich bin zuversichtlich, dass Ordensgemeinschaften auch heute ihre prophetische Sendung in der Kirche und in der Gesellschaft wahrnehmen. Allerdings ist es wichtig, dass Ordensleute miteinander Gott suchen und gemeinsam spirituelle Wege gehen. Die Gefahr der Vereinzelung besteht freilich auch in den Orden. Wenn es nur noch einzelne charismatische Persönlichkeiten gibt, aber keinen Aufbruch, der länger anhält, dann ist das nicht unproblematisch. Aufbrüche brauchen zwar den Einzelnen, aber immer auch die Gemeinschaft, damit keine Gurumentalität entsteht.

IX. Die Suche nach Gott

Von Glaube, Zweifel, Humor und Mystik

Wie kann ein Christ heutzutage das Salz der Erde sein? Was bedeutet das in der modernen Gesellschaft?

■ Das Salz würzt, reinigt und schützt vor dem Verfaulen. Diese Metapher besagt, dass sich der Christ nicht einfach anpassen und mitschwimmen darf. Er legt durch sein Leben, das an Jesus orientiert ist, Zeugnis ab für eine andere Möglichkeit menschlicher Existenz: mit Jesus. Der Christ sucht nach dem Willen Gottes. Er achtet darauf mit sich und den anderen Menschen versöhnt zu sein.

Gleichzeitig hat er aber auch die prophetische Aufgabe, in dieser Welt für Versöhnung einzutreten, einen Blick für die Randgruppen zu haben und unmenschliche Tendenzen der heutigen Gesellschaft aufzudecken. Er darf sich nicht einfach zufrieden geben mit dem Zustand dieser Welt. Überall wo die Menschenwürde getrübt und übersehen wird, muss er seine Stimme erheben. Er soll Würze sein für die Gesellschaft. Und er soll darauf achten, dass er seinen Einsatz für die Welt nicht mit egoistischen Motiven verfälscht.

Die Gläubigen erliegen stattdessen oft der Versuchung sich in ein religiöses Ghetto einzuschließen, das ihnen das Gefühl gibt, auserwählt zu sein. Worin sehen Sie die Gefahr einer solchen abgeschlossenen Welt, in der wir uns miteinander gut fühlen und gegenseitig unterstützen? Auch Klöster sondern sich doch bewusst von ihrer Umwelt ab …

■ Ja, Klöster schaffen bewusst ein christliches Milieu, eine christliche Kontrastgesellschaft. Das ist durchaus sinnvoll. Aber diese christliche Gegenwelt hat nur einen Sinn, wenn sie bewusst den Dialog sucht mit der Welt und wenn sie für die Menschen Zeugnis von einem alternativen

Lebensmodell ablegt. Wenn Christen sich in ein Ghetto zurückziehen, dann geben sie sich selbst auf. Sie sind nicht mehr Sauerteig für diese Welt. Und die Gefahr besteht, dass sie sich dann für besser halten als die übrige Welt, sich über die anderen stellen und keinen Einfluss mehr haben, um diese Welt im Sinne Jesu zu gestalten.

Wie weit gehört die Suche zum Bestandteil des Glaubens? Manche Christen tun sich schwer damit, den festen Glauben mit der Suche zu verbinden.
■ Der heilige Benedikt versteht den Mönch als einen, der wahrhaft Gott sucht. Unser Leben lang sind wir auf der Suche nach Gott. Der Glaube an Gott ist nie ein fester Besitz. Ich muss mich immer wieder fragen: Wer ist dieser Gott wirklich? Stimmt das, was ich in meinen Büchern über Gott, über Jesus, über den Menschen geschrieben habe? Der christliche Glaube gibt zwar Antwort auf unsere Fragen, aber er wirft auch Fragen neu auf. Denn Gott ist immer anders als alle meine Vorstellungen über ihn, er ist jenseits meiner Bilder und Begriffe. Die Suche nach Gott hält den Menschen lebendig. Wer meint, er habe einen festen Glauben und habe auf alles eine Antwort, der bleibt in seinem Leben innerlich stehen.

Kann man also sagen, dass die Glaubenszweifel ein natürlicher Bestandteil des christlichen Lebens sind? Wenn ja, wann sind sie Ausdruck einer Bereitschaft zum tieferen Suchen oder zur Änderung der eigenen Vorstellungen und wann sind sie dagegen Ausdruck der Kleinmütigkeit?
■ Auch Zweifel sind ein Grundbestandteil des Glaubens. Auf dem geistlichen Weg befinden wir uns ständig in der Gefahr, an festgefahrenen Gottesbildern zu hängen. Die Zweifel zwingen mich, diese Vorstellungen zu korrigieren. Es kommen mir z. B. während des Gebets Zweifel, ob ich mir über Gott nicht etwas einrede, ob mein Glaube überhaupt einen Sinn hat. Ich versuche dann diesen Zweifel zu Ende zu denken. Ich sage mir: Gut, alles, was ich mache, ist Illusion, dann ist aber alles absurd. Bei diesem Punkt angelangt,

taucht in mir plötzlich eine tiefe Erkenntnis auf, dass ich doch der Bibel, dem Glauben, den der heilige Augustinus und die heilige Theresia von Avila lebten, vertraue, und anschließend kommt die Entscheidung: Ja, ich setze auf diese Karte! Es gibt jedoch auch den Zweifel des Spießers, der sich auf nichts einlassen will. Die sind natürlich ungesund und führen dazu, dass er sich Gott vom Leibe hält.

Manche Christen neigen dazu, sich hinter kirchlichen Vorschriften zu verstecken, weil sie ihnen die Sicherheit der richtigen Orientierung geben und ihnen gleichzeitig ermöglichen, die Außenwelt zu beurteilen. Wer sich an diese Regeln hält, ist gut und wird erlöst. Das Christentum wird dann aber in den Augen der Umwelt zu einer Art juristischer Religion ohne innere Freiheit und Freude. Woran liegt das?

■ Die kirchlichen Richtlinien und Gebote dienen dazu, dass der Mensch eine bestimmte Richtung einhält. Auch das Volk Israel pries Gott dafür, dass er ihm die Zehn Gebote und somit eine gute Richtlinie fürs Leben gab. Natürlich kann ich aber die Gebote auch als Waffe gegen andere Menschen benutzen! Ich kann mich selbst hervorheben, indem ich das Gesetz vorlebe und dabei glaube besser zu sein als die anderen. Wird der Glaube auf diese Weise missbraucht, geht er die Gefahr des Pharisäertums ein, was Jesus stark kritisierte. Diese Gefahr betrifft viele Christen. Ein strenges Einhalten der Gebote kann auch zur Unterdrückung der inneren Bedürfnisse führen. Die bereits erwähnte unterdrückte Aggression zeichnet sich durch Kritik an anderen aus. Man kann sogar von einer so genannten Brutalität der Frommen sprechen, die alle anderen verdammen. Wenn ich die anderen dämonisiere, beweise ich aber damit, dass ich den Teufel in meinem Herzen habe. Wenn ich aber die Gebote als einen Wegweiser für mein Leben betrachte, dann sind sie heilbringend, auch wenn ich dabei meinen Schattenseiten begegne. Ich bleibe aber meinen Mitmenschen gegenüber offen. Es ist daher äußerst wichtig, eine positive geistliche Erfahrung zu machen, ehe man die Gebote zu erfüllen beginnt.

Für die Wüstenväter war das Nicht-Urteilen über andere das wichtigste Zeichen dafür, auf dem richtigen geistlichen Weg zu sein.

■ Ja. Wer über andere urteilt, zeigt, dass er nicht in Einklang mit sich selbst ist. Er muss andere verurteilen, um sich über sie zu stellen. Wer im Frieden mit sich ist und Gott in sich gefunden hat, der hat kein Bedürfnis über andere zu urteilen. Er betet für alle Menschen, dass sie ihren Frieden finden.

Manche Christen sind durch eine solche gesetzliche Glaubensauffassung innerlich frustriert, weil sie sehen, wie ihre Umwelt genießt, was sie sich nicht gönnen. Wie kann diese Verbitterung überwunden werden?

■ Wenn jemand die anderen um das beneidet, was sie sich leisten können, zeigt er damit, dass er dieselben Wünsche hat. Und wenn er diese Wünsche nur deshalb nicht auslebt, weil es die Kirche verbietet, ist er als Christ nicht reif. Grundlegend ist die Frage, was zum Leben führt und wie man erfolgreich leben kann. Wenn ich sehe, dass alle um mich herum genießerisch leben, muss ich mich fragen, ob ihnen ihre Lebensweise mehr Leben beschert oder ob sie dadurch in neue Abhängigkeiten geraten.

Zum christlichen Leben gehören Verzicht und Genuss. Wer auf nichts verzichten kann, wird nie eine starke Persönlichkeit sein. Die Psychologie behauptet auch, dass der Mensch Böses nicht aus Lust, sondern aus Verzweiflung tut. Deshalb ist es sehr wichtig zu wissen, ob man eine innerliche Ruhe besitzt und tatsächlich glücklich ist.

Wie kann der Mensch erkennen, dass er wirklich glücklich ist?

■ Glück kann man nicht festhalten und nicht einfach feststellen. Glücklich ist der, der mit sich in Einklang ist, der dankbar ist für sein Leben, der „Ja" sagen kann zu sich und seiner Lebenssituation. Wer zu sehr um sein Glück kreist, sich immer nur mit sich selbst befasst und sich beobachtet, ob er endlich glücklich ist, wird das wahre Glück nie erleben. Wer sich selbst vergessen kann, der ist glücklich zu preisen.

Der Mensch ist am glücklichsten, wenn er verliebt ist. Andererseits gibt es heute kein häufigeres und verzerrteres Wort als „Liebe". Während es in der christlichen Terminologie zu den Schlüsselbegriffen gehört, hat es im alltäglichen Gebrauch tausendfache Bedeutung. Ist es dann überhaupt möglich, dem anderen etwas über die Gottesliebe zu sagen?

■ Ich kann über die Gottesliebe nicht rein theologisch sprechen. Das geht an den Menschen vorbei. Ich muss von der Erfahrung der Liebe ausgehen, die die Menschen heute machen. Aber in unserer menschlichen Liebeserfahrung steckt schon die Ahnung dieser göttlichen Liebe. Jeder Mensch sehnt sich danach zu lieben und geliebt zu werden. Liebe kann uns verzaubern. Aber zugleich erleben heute viele Menschen, wie brüchig die Liebe ist und wie schnell sie sich ins Gegenteil wandeln kann. Unsere menschliche Liebe ist immer vermischt mit Besitzansprüchen und dem Wunsch zu kontrollieren.

In dieser Erfahrung der verzaubernden und zugleich brüchigen Liebe sehnt sich der Mensch nach einer lauteren Liebe, die nichts als Liebe ist. Wenn ich diese Sehnsucht anspreche, dann kann ich dem Menschen verständlich machen, dass die Liebe Gottes zu uns absolut ist, weil sie bedingungslos und nicht von Nebenabsichten getrübt ist. Das Problem ist jedoch, dass wir die Gottesliebe oft nicht spüren.

Wie kann man den Menschen heute das Geheimnis des Todes und der Erlösung Jesu als Ausdruck der Liebe Gottes näher bringen?

■ Zunächst müssen wir uns verabschieden von manchen Verfälschungen, wie sie in einer vereinfachten Katechese oft verkündet werden. Gott braucht den Tod seines Sohnes nicht, damit er unsere Schuld vergibt oder uns erlöst. Gott ist derjenige, der bedingungslos vergibt, weil er uns liebt. Jesus ist nicht in erster Linie Mensch geworden, um für uns zu sterben, sondern um die Botschaft vom nahen und barmherzigen Gott zu verkünden. Erst im Laufe seines Lebens musste er damit rechnen, von den herrschenden Schichten ermordet zu werden. Jesus hat den Tod aus Solidarität mit den Jüngern und mit allen Menschen angenommen. Das Kreuz ist die Vollendung seiner Menschwerdung. Jesus ist Mensch geworden mit allem, was einem Menschen zustoßen kann. Und seine Botschaft von der Vergebung wird am Kreuz bestätigt. Wenn Jesus selbst seinen Mördern vergibt, dann dürfen auch wir vertrauen, dass Gott uns vergibt.

Die Bibel verbindet jedoch den Tod Jesu am Kreuz nicht nur mit der Vergebung der Sünden. Die Bibel kennt zwölf verschiedene Modelle von Erlösung. In jedem Modell spielt das Kreuz auch eine wichtige Rolle. Bei Lukas ist das Kreuz ein Bild für die vielen Bedrängnisse, durch die wir gehen müssen, um zur Herrlichkeit Gottes zu gelangen. Für Markus bedeutet das Kreuz Jesu Sieg über die Mächte der Finsternis, über die Dämonen, die den Menschen krank machen und unterdrücken. Bei Johannes ist das Kreuz die Vollendung der Liebe. Daran erkennen wir, dass Gott uns in allen Höhen und Tiefen, in aller Gegensätzlichkeit und Zerrissenheit liebt, dass nichts in uns von der Liebe Gottes ausgeschlossen ist. Wir können über das Geheimnis der Erlösung und über das Geheimnis des Kreuzes nur in Bildern sprechen, so wie es die Bibel auch getan hat.

Bleiben wir noch bei einem Begriff stehen, der in der Kirche gebräuchlich ist, aber für die umliegende Welt seine Bedeutung verloren hat: die Sünde. Manche Leute halten es nämlich für eine „Sünde", wenn sie einen guten Kaufabschluss nicht realisiert haben, oder sie „sündigen" in einer Konditorei oder einem teuren Restaurant ...

■ Es ist wahr, dass der heutige Mensch wenig Verständnis für die Sünde im Sinne der Übertretung von Geboten hat. Aber er spürt genau, dass nicht alles, was er tut, gut ist. Er verletzt andere Menschen. Er lebt an sich selbst vorbei. Deshalb spreche ich lieber von „Schuld" als von „Sünde". Und dass der Mensch schuldig werden kann, das wissen die Dichter und Psychologen zur Genüge. Die Therapeuten behandeln in ihrer Sprechstunde oft das Thema der Schuldgefühle.

Schuldig wird der Mensch nicht in erster Linie, indem er ein Gebot übertritt, sondern indem er sein Leben verweigert, indem er gegen sein Gewissen lebt, indem er sich gegen den Gott wendet, der ihn in seinem Gewissen anspricht.

In Ihrem Buch „Spiritualität von unten" schreiben Sie, dass zu den Grundzügen des Christen der Humor gehören sollte. Manche Leute wenden aber ein, dass die Evangelien nichts vom Lachen Jesu oder von seinem Sinn für Humor berichten und dass der Glaube eine viel zu ernste Sache ist. Was sagen Sie dazu?

■ Humor spielt eine wichtige Rolle vor allem bei der Bildung der richtigen Anschauung von sich selbst. Die frühen Mönche halten die Demut (humilitas) für das wichtigste Kennzeichen eines geistlichen Menschen. Zur Demut gehört auch der Humor. Denn humilitas hat mit humus und Humor zu tun. Es ist die Bereitschaft, seine eigene Erdhaftigkeit anzunehmen und Abstand zu bekommen zu den strengen und humorlosen Idealbildern, die wir uns über uns machen. Humor ist Gelassenheit, Milde, Lachen über sich selbst. Und es ist nur logisch, dass sich diese innere Freiheit auch nach außen gut darstellen lässt.

Dieser wichtige, gesunde Blick auf sich selbst ist eine Voraussetzung dafür, einen richtigen Blick für Gott zu haben. Die Bibel erzählt Geschichten, die voll von Gottes Humor sind: z. B. das Buch Jona ist voller Humor, ferner der Prophet Elija, der anfangs engstirnig und verbissen war. Doch Gott nimmt ihn in seine Schule auf, die sozusagen eine Schule des Humors ist.

Und wenn wir die Evangelien lesen, erkennen wir, dass Jesus sehr wohl Sinn für Humor hatte. In den Gleichnissen blitzt sein Humor auf. Wenn er von dem Verwalter erzählt, der seinen Herrn ausgetrickst hat, oder von der Witwe, die den mächtigen Richter täglich bedrängt, so dass er Angst bekommt, sie könnte ihm eine Ohrfeige geben, so zeugt das von Jesu Humor. Er hat Sinn für das Paradoxe, für die Entlarvung des Mächtigen, für die Wahrheit, so wie sie ist. Jesus hätte die Menschen nicht so fasziniert und mit seinen Gleichnissen gefesselt, wenn sie nicht humorvoll und geistreich gewesen wären.

Humor hängt eng mit der inneren Freude zusammen. Wird der Mangel an Humor durch einen Mangel an Freude bedingt? Anders gesagt, ist er nicht ein Zeichen dafür, dass der Mensch das Evangelium innerlich nicht angenommen hat?

■ Sicher hängt der Mangel an Humor damit zusammen, dass man seiner inneren Freude zu wenig Raum gibt. Und letztlich könnte man sagen, dass man die Frohe Botschaft Jesu nicht verstanden hat. Denn die Reaktion auf seine Botschaft und auf sein heilendes Wirken war immer die Freude der Umstehenden.

Karl Rahner hat einmal gesagt: Der Christ der Zukunft wird ein Mystiker sein, also einer, der etwas erfahren hat, oder er wird nicht mehr sein. Was meinen Sie dazu?

■ Für mich ist das eine zentrale Aussage Karl Rahners. Sie wird heute ja auch oft genug zitiert. Rahner meint damit, der Christ der Zukunft könne sich nicht nur auf Theorien oder Dogmen berufen. Er muss etwas von Gott erfahren, sonst kann er in der Welt nicht bestehen. Sonst kann er nicht Rechenschaft ablegen von dem, was ihn trägt. Rahner greift mit seiner Aussage zurück auf die Erfahrung der frühen Christen. Diese konnten die Menschen überzeugen, weil sie aus einer tiefen spirituellen Erfahrung heraus sprachen.

Wie kann aber ein normaler Mensch zum Mystiker werden? Als Mystiker gilt doch nur derjenige, der in der Stille des Klosters betet und von der äußeren Welt nicht gestört wird. Ein solcher Weg ist aber vielen Menschen nicht möglich ...

■ Mystiker ist derjenige, der Gott erfährt. Und Gott kann jeder Mensch erfahren. Er muss nur seine Sinne öffnen. Er muss das, was er täglich erlebt, bewusst erleben und in allem – in der Stille und im Lärm, in der Ruhe und in der Arbeit – nach dem Geheimnis Gottes Ausschau halten. Der

Kern der Mystik ist die Erfahrung. Vom Wort her bedeutet es, dass ich etwas geschaut habe, dass ich eine tiefe innere Einsicht bekommen habe. Ich habe keine Visionen gehabt, sondern ich habe auf den Grund meiner Existenz geschaut und dort Gott als den wahren Grund gesehen.

Worin liegt Ihrer Meinung nach die Überzeitlichkeit der Mystik?
■ Der religiöse Mensch lebt aus einer spirituellen Erfahrung heraus. Insofern braucht er die Mystik. Der Glaube hat natürlich verschiedene Pole: Glaube und Moral, Mystik und Politik, Gebet und Arbeit. Wir brauchen immer beides. Wenn ein Pol absolut gesetzt wird, wird die Religion verfälscht. Die Kirche hat jahrelang zu sehr den moralischen Aspekt betont und zu wenig den Aspekt der geistlichen Erfahrung. Daher ist es heute wichtig, die Mystik neu zu entdecken. Aber die Kirche muss immer auch um ihre gesellschaftliche Verantwortung wissen und darf sich nicht nur auf die Erfahrung beschränken. Das wäre nur eine weitere Einseitigkeit, was sich früher oder später rächen würde.

X. Den Sinn für das Geheimnis bewahren

Von der Kunst, von dem Tod und von den Engeln

Man sagt, dass der Mensch noch nie so verwirrt war wie in der heutigen Zeit. Er braucht die Hilfe von Psychoanalytikern, um sein Inneres zu begreifen und sich darin auszukennen. Wo sehen Sie die Ursache für diesen Zustand?

■ Der Mensch ist sich heute selbst ein Rätsel. Es gibt so viele Modelle, die dieses Geheimnis erklären wollen. Viele sind verwirrt von diesen vielen Deutungsversuchen, die ihnen angeboten werden. Der heutige Mensch hat keinen festen Stand, von dem aus er erklären kann, was in ihm vorgeht. So braucht er andere Menschen, die ihm seine Gedanken und Gefühle deuten helfen. Der Mensch ist nicht bei sich. Er hat das gesunde Gespür für sich selbst verloren. Daher muss er auf die Erklärungen anderer hören, um sich verstehen zu können. Die Entfremdung des Menschen von sich selbst ist die Ursache für diesen Zustand.

Blaise Pascal sah die Ursache des menschlichen Elends in der Unbeständigkeit.

■ Blaise Pascal meint, es stehe deshalb so schlecht um den Menschen, weil keiner mehr alleine in seinem Zimmer bleiben kann. Wer sich selbst nicht aushalten kann, der muss ständig herumirren. Er weicht seiner Wahrheit aus. Er flieht vor sich selbst. Die Flucht vor sich selbst tut dem Menschen nicht gut. Er muss in immer neue Aktivitäten oder Vergnügen flüchten. Nur die Wahrheit wird uns frei machen, hat schon Jesus gesagt. Die Flucht führt in innere Zwänge.

Das ist vielleicht auch der Grund dafür, warum so viele Menschen heute nur passiv unterhalten werden wollen und bereit sind, z. B. im Fernsehen noch die kitschigsten Unter-

haltungssendungen zu schauen. Manche Soziologen prophe-
zeien sogar, dass sich unsere Kultur „zu Tode unterhält".

■ Darauf beruht die ganze Unterhaltungskultur. Sie lädt dazu
ein, sich durch äußere Einflüsse zu zerstreuen. Diese Lebensweise unterstützt aber nur die Flucht des Menschen vor sich
selbst. Anstatt mich meiner Wahrheit zu stellen, decke ich sie
mit Fernsehen zu. Ich möchte unterhalten werden, um nicht
wesentliche Fragen stellen zu müssen. Beim Fernsehen kon-
sumiere ich einfach. Alles, was ich mit Fernsehen zudecke,
wird mich in der Nacht wieder einholen, entweder in chaoti-
schen Träumen oder im unruhigen Schlaf. Ich kann mich vor
der Unterhaltungsindustrie nur schützen, indem ich selber
meine Zeit bestimme und gestalte. Manchmal hilft es, einfach den Fernseher aus der Wohnung zu werfen.

Inwiefern hängen das kulturelle und das spirituelle Leben
des Menschen zusammen? Mit anderen Worten, bedroht
die Unterhaltung nicht das geistliche Leben ihres Kon-
sumenten? Der Sinn der Unterhaltung ist nämlich das ge-
naue Gegenteil: Es bedarf keinerlei Anstrengungen, um im-
mer mehr unterhalten zu werden.

■ Die Gefahr besteht, das der typische Fernsehkonsument
den Gottesdienst in ähnlicher Weise versteht. Er bleibt passi-
ver Zuschauer. Und da der Gottesdienst ruhiger und weniger
abwechslungsreich ist als das Fernsehen, sagt er ihm nichts
mehr. Er beurteilt ihn nur als Zuschauer, anstatt sich auf ihn
einzulassen und sich vom Wort Gottes berühren zu lassen.

Ist es normal, dass die Christen die gleichen Boulevardzeit-
schriften lesen und die gleichen Fernsehprogramme verfol-
gen wie die meisten Konsumenten?

■ Die Christen leben in dieser Welt. Daher ist es durchaus
normal, dass sie die gleichen Zeitschriften lesen und das
gleiche TV-Programm anschauen. Die Frage ist nur, wie sie
darauf reagieren, ob sie sich von den Medien in ihrer Meinung bestimmen lassen oder ob sie einen kritischen Blick
bewahren. Der kritische Blick kann dazu führen, manche

TV-Programme nicht zu schauen und manche Zeitschriften abzubestellen.

Hat hier die Kirche vielleicht etwas vernachlässigt? Sie war nämlich früher Kulturträgerin, Inspirationskraft und Mäzen der Kunst. Die Beziehung zwischen Kirche und Künstler hat sich jedoch im Laufe der Jahrhunderte gelockert, und die Kirche hat mit der Kultur in vielerlei Hinsicht jeden Kontakt verloren.

■ Die Kirche wollte die Kunst für sich benutzen und vereinnahmen. Sie konnte nicht ertragen, dass Künstler freie Menschen sind, die die Welt auf ihre Weise deuten, die religiöse Themen oft verfremden, um die Menschen dafür neugierig zu machen. Die Kirche hat Angst, in der heutigen Gesellschaft an Einfluss zu verlieren, und wagt deshalb nicht mehr den Dialog mit der modernen Kunst. Sie möchte die Kunst selbst bestimmen. Doch damit verliert sie die besten Künstler, die sich von keiner Dogmatik leiten lassen, sondern allein von ihrer Intuition.

Besteht das Problem nicht mitunter darin, dass die Kirche an alten und überholten Vorstellungen von Kunst festhält? Ihrer Ansicht nach soll die wahre Kunst schön und wahrhaftig sein. Die Schönheit ist jedoch eine ästhetische und damit veränderliche Kategorie. Auch die Wahrhaftigkeit ist problematisch: Der Künstler kann innerlich wahrhaftig sein und dabei an dem Gesichtspunkt der Kirche vorbeigehen.

■ Im Mittelalter war die Kirche sicher ein wichtiger Mäzen der Kunst. Sie schuf den Raum, in dem Künstler ihre Ideen verwirklichen konnten. Für die Kunst ist es charakteristisch, dass sie selbstständig denkt. Sie lässt sich nicht vereinnahmen. Und sie zeigt ihre Sichtweise der Welt, die nicht unbedingt derjenigen der Kirche entspricht. Kunst will provozieren und nicht einfach nur die kirchliche Verkündigung unterstützen. Die Kirche darf die Kunst nicht mit ihren engen moralischen Maßstäben betrachten. Kunst deckt auf, was rundherum geschieht. Sie ist ein gewisses Fenster, das uns nicht die ideale Welt zeigt, sondern die wirkliche Welt in ihrer Hintergründigkeit. Die Künstler betrachten das Leben nicht durch eine rosarote Brille. Und die Welt ist heute anders, als manche Kirchenvertreter sie gerne hätten.

Auch die heutigen Künstler suchen Gott und versuchen ihre Sehnsucht auf ihre Weise auszudrücken. Deshalb halte ich es für richtig, dass die Kirche versucht den Dialog mit der Kunst wieder aufzunehmen. Sie muss es jedoch meiden, dieses Zwiegespräch dogmatisch einzuschränken oder einzuengen – die Kunst braucht nämlich einen weiten Raum.

Sie haben einmal erwähnt, dass der Künstler einen Sinn für das Geheimnis Gottes hat. Was meinten Sie damit?
■ Die Kunst hat immer etwas zu tun mit dem Geheimnis. Und das ist der eigentliche Ausdruck für Gott. Gott ist das eigentliche Geheimnis. Man kann Gott mit exakten Begriffen nicht erfassen, sondern sich ihm nur als einem Geheimnis nähern. Dies kann durch Metaphern geschehen, denn sie liegen Gott näher als exakte wissenschaftliche Termini, oder auch mittels Zeichnungen oder Statuen, die etwas von der Herrlichkeit Gottes widerspiegeln. Die Kunst ist ein Fenster, durch das man den Abglanz der Herrlichkeit Gottes erblicken kann. Auch die Musik ist ein offenes Fenster zur Transzendenz, denn ihre Aufgabe ist es, das Unhörbare hörbar zu machen, die Stille hörbar zu machen. Jeder Künstler hat also einen Sinn für das Geheimnis, und wer einen Sinn für das Geheimnis in sich findet, kann daher auch einen Sinn für Gott finden. Die Griechen sagen, der Künstler sei Gottes voll. Wahre Kunst hat immer mit dem Geheimnis Gottes zu tun. Der Künstler weigert sich aber, ein ihm vorgegebenes Gottesbild zu bestätigen. In seinem Schaffen folgt er vor allem seiner inneren Intuition.

Wie ist die Kunst für Sie konkret wichtig?
■ Jeden Morgen meditiere ich vor einer Ikone. Aber vor allem liebe ich Musik – Mozart, Beethoven, Haydn, Bach. In der Musik erahne ich etwas von der Herrlichkeit des Him-

mels. Für mich sind aber auch Malerei, Bildhauerei und Architektur wichtig. Wenn ich durch alte Kirchen gehe, wirkt oft der Raum schon heilend auf mich. Und ich bleibe häufig vor Gemälden oder Skulpturen stehen, um über sie zu meditieren. Da geht mir oft mehr auf als durch das Lesen von Büchern. Aber auch die Dichtkunst ist mir wichtig. Ich lese gerne Gedichte und Romane. In ihnen kommt das Geheimnis des Menschen zum Ausdruck. Und oft genug klingt da etwas an vom Geheimnis Gottes. Nach einem Roman verstehe ich manchmal mehr von der Liebe Gottes als beim Lesen theologischer Abhandlungen.

Die Kirche hat in der Moderne nicht nur auf dem Gebiet der Kunst geschlafen. Zu den wichtigsten Herausforderungen unserer Zeit gehört die Beziehung des Menschen zur Schöpfung, zur Umwelt. Wie ist Ihrer Ansicht nach die Beziehung der heutigen Christen zu der lebendigen Natur, zur Landschaft, zum Umweltschutz? Widmet die Kirche diesen Themen genug Aufmerksamkeit? Bleibt sie nicht bei sentimentalen Überlegungen zum heiligen Franziskus von Assisi stehen?

■ Die Kirche hat sicher diesen Bereich langfristig unterschätzt, vor allem in der Zeit der Aufklärung, als es zu einer übertriebenen Betonung der Vernunft kam. Wenn die Kirche ein wichtiges Thema vernachlässigt, wird ihr das bald aus der „profanen" Sphäre heimgezahlt. Die Kirche verließ seiner Zeit z. B. gewisse Fastenpraktiken, und nun kehrt dieses Phänomen über die Medizin zurück. In den letzten dreißig Jahren hat die Kirche die Lösung so mancher aktueller Fragen verschlafen. Die Friedensbewegung und die ökologische Bewegung sind außerhalb der Kirche entstanden. Der Sinn für Rituale wurde von der Psychologie neu entdeckt. Aber die Kirche hat heute diese Fragen wieder neu bedacht.

Der Umgang mit der Natur ist stets ein wichtiger Maßstab dafür, ob der Mensch ein gesundes geistliches Leben führt. Wenn jemand grob mit Tieren umgeht, dann beweist dies, dass sein Glaube nicht aus dem Herzen kommt. Bereits der heilige Benedikt forderte seine Brüder auf, mit den Dingen so umzugehen, als wären sie heilig. Eine gesunde Spiritualität bringt immer einen gesunden Umgang mit der Schöpfung mit sich. Doch in den letzten Jahren hat sich die Kirche sehr ausführlich mit der Frage der Umweltverantwortung beschäftigt und die Bibel mit neuen Augen gelesen. Und Theologen haben die Schöpfungstheologie neu entdeckt, die viele Theologen früher lehrten, die aber in den letzten dreihundert Jahren von der Erlösungstheologie überdeckt wurde. Ich denke, heute hat die Kirche in weiten Kreisen ein neues Gespür für die Fragen der Ökologie und des Umweltschutzes entwickelt.

Nach der Meinung mancher Ökologen ist aber gerade das Christentum für die heutigen Umweltprobleme verantwortlich. Sie zitieren dabei häufig die biblische Aufforderung, sich die Erde untertan zu machen. Dieses Wort habe zur Ausbeutung der Natur geführt. Wie verstehen heutige Theologen diese Aufforderung Gottes?

■ Ja, das Christentum hat in seiner Geschichte die Schöpfungstheologie vernachlässigt und einseitig die Erlösungstheologie gepredigt. Insofern war über Jahrhunderte hinweg die Sorge für die Erhaltung der Schöpfung nicht das erste Ziel. Das Wort aus dem Schöpfungsbericht bedeutet eigentlich, dass der Mensch die Erde hegen und pflegen sollte. Bis ins Mittelalter hinein war die Pflege der Natur auch im Christentum verankert. Denn die Freude an der Schönheit der Schöpfung prägte die Liturgie und das benediktinische Mönchtum. Erst in der Aufklärungszeit, als die neuen Möglichkeiten der rationalen Erkenntnis den Menschen zu faszinieren begannen, verlor er die Beziehung zur Natur. Andererseits war gerade die marianische Spiritualität immer eine schöpfungsfreudige Spiritualität. Die Maiandacht verband ja die Freude an Maria mit der Freude an der Schöpfung.

Der Mensch wird auch heute vor neue Aufgaben gestellt. So wirft die Entwicklung der Biotechnologien beispielsweise die Frage nach der ethischen Problematik des Klonens auf. Welche Rolle soll hier die Kirche spielen, und wie soll sie überhaupt vorgehen, damit ihre Bemühungen nicht kontra-produktiv ausfallen?

▪ Die Antwort auf die Frage, wie wir mit dem Beginn und dem Ende des menschlichen Lebens umgehen und ob Klonen erlaubt ist oder nicht – und wenn ja, dann unter welchen Umständen –, ist heute sehr brisant. Da hat die Kirche sicher eine wichtige Funktion, doch sie kann die Frage nicht allein beantworten. Sie muss den Dialog mit den Wissenschaften wagen. Und sie muss zusammen mit Ethikern und Theologen anderer Religionen und Kulturen um ein Weltethos ringen, das Hans Küng seit Jahren propagiert. Wir spüren, dass die Wissenschaft und Technik heute nicht mehr ohne Weltethos auskommt. Denn wir dürfen nicht alles machen, was wir technisch können oder was uns einfällt. Wir brauchen einen ethischen Konsens, damit wir diese Welt nicht zu Grunde richten.

In den Niederlanden und in Belgien wurden vor kurzem Euthanasiegesetze verabschiedet. Und in manchen europäischen Ländern wächst die Unterstützung für aktive Sterbehilfe. Warum soll der unheilbar kranke Mensch unnötig leiden, wenn er dadurch seine menschliche Würde verliert? Beweisen diese Tendenzen nicht, dass der Mensch heute das Leiden seiner Nächsten sensibler wahrnimmt, dass er ihnen das Recht zugesteht, in Würde zu sterben?

▪ Das zeigt eher etwas anderes: Der Mensch hat das Gespür für die Unverfügbarkeit des Lebens verloren. Denn nicht er ist Herr über Leben und Tod, sondern Gott. Sicher ist der Einsatz für aktive Sterbehilfe eine Reaktion auf manchmal sinnlose lebensverlängernde Maßnahmen. Man soll den Menschen in Würde sterben lassen und sein Leben nicht künstlich verlängern. Aber ich darf den Zeitpunkt des Todes nicht selbst bestimmen, sonst kürze ich den Abschiedsprozess ab. Ich habe oft erlebt, dass der Prozess des Sterbens von Vater und Mutter für die ganze Familie ein heilsamer Weg der Versöhnung und der Auseinandersetzung mit wesentlichen Fragen des Lebens war.

Die Unterstützung der aktiven Sterbehilfe entspringt oft der Meinung, dass Leiden unzumutbar ist. Sobald der Mensch leidet, muss er entweder möglichst schnell gesund werden oder aber dem Leiden durch den schnellen Tod entgehen. Doch wenn Leiden unzumutbar wird, wird die Welt unmenschlich. Dann möchten die Angehörigen das Leiden des Vaters oder der Mutter nicht mehr ertragen und drängen die Sterbenden, dem Prozess doch möglichst bald ein Ende zu setzen. Sicher hat das Christentum das Leiden manchmal zu sehr verherrlicht. Aber wenn das Leiden verdrängt wird, wird die Gesellschaft unmenschlich. Die Verdrängung des Leidens löst eine Welle von Aggressionen aus. Leidende dürfen nicht mehr sein. Statt sie zu ertragen, rottet man sie aus. Um dem Leiden zu entgehen, tötet man.

Viele Menschen behaupten, sie hätten keine Angst vor dem Tod, sondern vor dem Sterben. Früher war es eher umgekehrt: Sie hatten Angst vor der ewigen Verdammnis.

■ Die Angst vor dem Tod hat viele Facetten. Bei vielen ist es vor allem die Angst vor den Schmerzen, bei anderen kann es Angst vor der eigenen Hilflosigkeit sein, vor dem Angewiesensein auf andere. Wieder andere haben eher Angst vor dem endgültigen Abschied von ihren Angehörigen. Und es gibt die Angst vor dem Unbekannten im Tod. Bei vielen ist es auch die Angst vor dem Gericht. Aber auch diese Angst hat wieder verschiedene Aspekte. Bei manchen ist es die Angst eingestehen zu müssen, dass sie nie wirklich gelebt haben, bei anderen dagegen die Angst vor Verdammnis und Hölle.

Haben Sie selbst Angst vor dem Tod?

■ Da ich gerne lebe, möchte ich nicht so schnell sterben. Insofern habe ich Angst, bei einem Unfall zu sterben und mich nicht richtig verabschieden zu können. Und ich habe Angst, einmal nicht mehr klar denken zu können. Aber Angst vor Verdammnis und Hölle habe ich nicht. Da ist mein Vertrauen groß genug, dass ich in Gottes liebende Hände falle.

Trotzdem, wie würden Sie den Menschen den Begriff der „ewigen Verdammnis" erklären? Heute kann die Hölle niemandem mehr Angst einjagen.

■ Die Hölle erkläre ich immer als ein Scheitern des Menschen. Er kann die Orientierung seines Lebens absolut verlieren und in seiner Sturheit noch im Tod – bei der Begegnung mit Gott – an diesem Scheitern festhalten. Dann verdammt er sich selbst und gerät in die Hölle. Gott selbst stürzt keinen in die Hölle hinab, doch wer sich bei der Begegnung mit ihm selbst verschließt, der scheidet selbst aus der Gemeinschaft mit ihm, aus dem Leben „im Himmel".

Die übertriebene Betonung der Hölle führte dazu, dass die Predigten zu diesem Thema den Menschen heute nicht mehr ansprechen. Wenn wir zu genau wissen wollen, wie die Dämonen oder der Teufel aussehen, geraten wir in „Teufels Küche". Nicht umsonst heißt es, die größte Finesse des Teufels sei die Suggestion, dass es ihn nicht gäbe. Der Teufel und die Dämonen sind Bilder, die etwas über die Tatsache des Bösen aussagen, dem wir heutzutage gegenüberstehen. Dass das Böse nicht unschädlich ist, zeigen uns tagtäglich das Fernsehen und andere Medien.

Wo liegt Ihrer Meinung nach die Grenze zwischen gesunder und ungesunder Angst davor, was den Menschen nach seinem Tod erwartet?

■ Als Kind fesselten mich die Predigten über die Hölle: Sie riefen in mir Angst vor der Verdammnis hervor, jedoch nur in dem Augenblick, da ich diese Worte hörte, dann war es vorbei. Von einer ungesunden Angst vor der Hölle kann man dann sprechen, wenn man sich darauf fixiert. Ich kenne Menschen, die die Bibel nicht lesen können, weil sie ihre Angst bestätigt sehen, und das lähmt sie. Gesunde Befürchtungen bestehen andererseits darin, dass der Mensch sein Leben ernst nimmt und nicht damit spielt. Das Leben hat einen hohen Wert, und deshalb sollten wir umsichtig und wachsam sein, damit wir fähig sind authentisch zu leben und vor uns selbst und vor Gott nicht zu versagen. Wenn wir Scheuklappen haben und die Wirklichkeit nicht sehen wollen, wie sie ist, muss uns manchmal die Bibel die Augen mit drastischen Worten öffnen.

Hatte jemals der Tod eines Menschen in Ihrem Leben eine so große Bedeutung, dass er Ihnen einiges bewusst gemacht hat?
■ Der Tod meines Vaters und meiner Mutter war für mich ein tiefes Erlebnis, das mich neu auf die eigentlichen Wurzeln meines Lebens hinwies. Der Abschied war trotz aller Dankbarkeit für das Erlebte schmerzlich. Aber durch die Trauer hindurch ist immer etwas Neues in mir gewachsen – die Ahnung, dass die Verstorbenen zu inneren Begleitern werden und dass ich nun selbst für andere Vater und Mutter sein darf.

Der christliche Glaube erwartet nach dem Tod die Auferstehung. Soll sich der Christ über das Paradies konkrete Vorstellungen machen?
■ Einerseits wissen wir, dass all unsere Vorstellungen über das Leben nach dem Tod mit menschlichen Projektionen vermischt sind. Andererseits brauchen wir Bilder. Weil die Theologie jahrzehntelang alle Vorstellungen ablehnte, haben sich die Menschen anderen Lehren zugewandt, etwa der Lehre der Reinkarnation. Die Bibel hat dabei konkrete Vorstellungen über das Leben nach dem Tod. Aber wir müssen immer wissen, dass es Bilder sind und dass letztlich gilt, was Paulus sagt: „Was kein Auge gesehen und kein Ohr gehört hat, was keinem Menschen in den Sinn gekommen ist: das Große, das Gott denen bereitet hat, die ihn lieben" (1 Kor 2,9).

Dem modernen Menschen fällt es schwer, die Auferstehung zu verstehen. Wie kann man ihm heute das Geheimnis der Auferstehung nahe bringen?
■ Die Auferstehung hat zwei Aspekte. Wir feiern die Auferstehung Jesu Christi, um schon hier und jetzt immer wieder aufzustehen aus der Angst ins Vertrauen, aus der Resignation in die Hoffnung, aus dem Grab zum Leben. Und

Auferstehung meint das Leben, das uns im Tod erwartet. Hier helfen uns zum einen die philosophischen Lehren von der Unsterblichkeit der Seele, zum anderen die biblische Hoffnung, dass wir nicht aus Gottes Liebe herausfallen werden. Wenn wir das menschliche Leben philosophisch bedenken, wie es etwa Karl Rahner oder Ladislaus Boros getan haben, dann werden wir sehen, dass alle unsere Haltungen, wie etwa Liebe, Freiheit oder Freude, uns auf eine letzte Erfüllung verweisen. Lieben, so sagt der französische Philosoph Gabriel Marcel, bedeutet dem anderen zu sagen: „Du, du wirst nicht sterben." Wer die Liebe Gottes erfahren hat, vertraut darauf, dass diese Liebe ihn auch im Tod umfasst. Und Tod und Auferstehung Jesu geben uns die Gewissheit, dass wir wie Jesus im Tod in Gottes liebende Hände fallen.

Sie haben mehrere Bücher über die Engel geschrieben. Die 100 Engel in Ihren erfolgreichsten beiden Engelbüchern „Engel für das Jahr" und „Engel für die Seele" – die allein im deutschen Sprachraum schnell über eine Million Leser gefunden haben – tragen ganz ungewohnte Namen. Sie heissen nicht: Raphael, Gabriel. Oder gar: Arameel, Akebeeel, Ramuel. Sondern: Engel der Zärtlichkeit. Engel der Sehnsucht. Engel der Vergebung. Engel der Freude. Engel des Friedens. Welche Gattung von Engeln ist das?

■ Diese beiden erwähnten Engelbücher sind eigentlich Tugendbücher. Ich verbinde die Tugenden mit einem Engel. Tugend kommt von taugen. Der Mensch sehnt sich danach, dass sein Leben gelingt. Und er merkt, dass er dazu ganz bestimmte Haltungen braucht. Die muss er sich aber nicht mit zusammengebissenen Zähnen selbst erarbeiten. Ein Engel der Liebe begleitet ihn und führt ihn in die Liebe ein. Der Engel bringt ihn in Berührung mit dem Potential an Liebe, das schon in ihm ist. Manchmal schreibe ich die Namen der Engel auf Karten und lasse die Teilnehmer eines Kurses oder eines Seminars eine Karte ziehen. Und es ist schon erstaunlich, dass sie genau den Engel ziehen, den sie gerade brauchen, den Engel, der sie in die Haltung einführt, die ihnen jetzt Not tut, damit ihr Leben gelingt. Ich könnte das auch theologisch ausdrücken. Dann würde ich sagen: Engel bringen den Aspekt der Gnade zum Ausdruck. Und Engel haben etwas Spielerisches. Ich muss das Leben nicht zu schwer nehmen. Ein Engel begleitet mich und bringt mich in Berührung mit meinen eigenen inneren Möglichkeiten. Aber nicht umsonst haben Engel in der Kunst Flügel. Man kann nur schwebend über Engel sprechen. Wenn man zu genau wissen will, wer sie sind und wie sie beschaffen sind, dann fliegen sie einfach weg.

Woran liegt es? Die Engel waren in der Werbung, in der Esoterik, im Film, bei den Dichtern und – so Allensbach – im Glauben der Menschen zu Hause. Vielleicht noch im konservativen Engelwerk. Aus der Theologie schienen sie ausgewandert. Sie haben sie entdeckt und wieder zurückgeholt. Was hat Sie dazu beflügelt?

■ Als ich Ende der sechziger Jahre Theologie studierte, waren die Engel kein Thema. Bis vor einigen Jahren waren sie auch in meinem spirituellen Leben nicht sehr präsent. Natürlich habe ich das Fest der heiligen Erzengel Michael, Gabriel und Raphael gefeiert. Und mir war der Satz des heiligen Benedikt wichtig, dass wir im Angesicht der Engel Gott lobsingen. Der Anstoß, mich mit den Engeln zu befassen, kam von Dr. Walter vom Verlag Herder. Er fragte mich, ob ich es mir vorstellen könne, über die 50 Engel für das Jahr etwas zu schreiben. Ich habe mich dann einfach hingesetzt und geschrieben. Offensichtlich haben mich die Engel dann selbst dazu beflügelt. Natürlich habe ich auch einiges über Engel studiert. Als Dogmatiker habe ich in der christlichen Tradition nachgelesen, was die Dogmatik dazu sagt. Engel sind nicht die Mitte des Glaubens. Aber sie vermitteln doch das Bild eines menschenfreundlichen Gottes, der uns seine Engel schickt, damit sie uns begleiten. Und sie zeigen uns ein optimistisches Menschenbild. Denn jeder Mensch kann für den anderen zum Engel werden, der ihn aufrichtet und ihn tröstet.

Sie werden sicher immer wieder einmal gefragt: Gibt es sie wirklich, die Engel? Die Erwartungen sind vermutlich sehr unterschiedlich. Was antworten Sie beiden – den schnellen Zweiflern und den schnellen Gläubigen?

■ Trotz der trockenen Sprache der Dogmatik antworte ich mit dem nüchternen theologischen Satz: „Engel sind geschaffene geistige Wesen und personale Mächte." Engel sind keine individuellen Personen, sondern personale Mächte, die mir helfen, mein Personsein zu verwirklichen. Als geschaffene Wesen sind sie erfahrbar. Engel kann ein Mensch sein, der im rechten Augenblick auf mich zukommt. Engel kann ein innerer Impuls sein, der mich antreibt, dies oder jenes zu tun. Engel erscheinen im Traum und geben mir Weisung, welche Wege ich gehen soll. Engel können auch Lichterfahrungen sein. Und Engel können durchaus als Engel erfahren werden. Aber man kann sie nicht festhalten. Ich kann über die Engel nicht verfügen. Ich kann Gott nur bitten, mir einen Engel zu schicken, der mich begleitet. Und ich kann meinen Schutzengel bitten, dass er seine Flügel schützend über mich hält.

Welchen der Engel, über die Sie geschrieben haben, haben Sie am liebsten, welcher hat Ihnen am meisten geholfen?

■ Ich bin meinem Schutzengel sehr dankbar dafür, dass er mich vor zahlreichen Gefahren, z. B. im Straßenverkehr, aber auch vor den Gefahren, die aus meinem Inneren herrühren, geschützt hat.

Das Interesse der heutigen Menschen für Engel sei Ausdruck ihrer Sehnsucht nach Transzendenz, haben Sie einmal gesagt. Sehnsucht – das ist ein Schlüsselwort, das in vielen Ihrer Antworten auftaucht, das sich aber auch wie ein roter Faden durch Ihre Bücher zieht. Mit diesem Wort deuten Sie das Verhalten vieler Menschen, aber Sie sagen damit auch etwas über sich aus.

■ Für mich ist Sehnsucht in der Tat eine Spur, die Gott in mein Herz gegraben hat. In der Sehnsucht greife ich über diese Welt hinaus. In der Sehnsucht trage ich etwas in mir, das diese Welt übersteigt. Sie ist etwas Heiliges. Niemand kann sie totschlagen. „Die Sehnsucht lässt die Dinge blühen", sagt der französische Dichter Marcel Proust. Wenn ich in meiner Sehnsucht auf mein Leben schaue, dann beginnt es zu blühen. Es ist nicht mehr so wichtig, ob mein Beruf, ob meine Freunde, ob meine innere Verfassung meine Wünsche erfüllen. Ich weiß, dass die tiefste Sehnsucht letztlich nur von Gott erfüllt werden kann. Daher schenkt mir die Sehnsucht Gelassenheit und inneren Frieden. Das heißt nicht, dass ich mich nicht für die Verbesserung der Lebensumstände einsetze. Doch ich bin nicht darauf fixiert, alles erreichen zu müssen, was mir vorschwebt. Ich kann gelassen an die Arbeit gehen, weil etwas in mir all das Vordergründige übersteigt. Weil meine Arbeit und meine Beziehungen nicht meine Sehnsucht erfüllen müssen, können sie aufblühen. Ich kann mich daran freuen, ohne sie mit meiner Sehnsucht zu überfrachten. Die Sehnsucht zielt letztlich auf Gott. Doch sie zeigt sich auch in der Sehnsucht nach Heimat und Geborgenheit, nach Lebendigkeit und Liebe, nach Freiheit und Weite, nach Lauterkeit und Reinheit. In all diesen Sehnsüchten drückt sich die Sehnsucht nach dem unbegreiflichen und unaussprechlichen Gott aus, der uns bereitet hat, was kein Auge gesehen und kein Ohr gehört hat. (Vgl. 1 Kor 2,9)

Sollte Anselm Grün zu einem Engel werden, was für ein Bote möchte er sein? Was würde er den Menschen verkünden?
■ Falls ich ein Engel werden sollte, möchte ich den Menschen verkünden, dass Gott sie alle bedingungslos liebt, dass er ihnen die wahre Freiheit schenkt und jede ihrer Verletzungen heilt. Ich möchte sie gleichzeitig aufmuntern, ihre Herzen zu öffnen und Gott mit seiner Liebe hineinzulassen. Ich möchte ihnen auch sagen, dass sie sich selbst nicht verurteilen dürfen, weil Gott sie so annimmt, wie sie sind, und ihnen den Weg der Bekehrung und Erneuerung anbietet. Und wenn sie diesen Weg gehen, gelingt ihr Leben.

Das Leben Anselm Grüns in Daten

14.01.1945 geboren in Junkershausen in der Rhön

1964 Abitur am Gymnasium in Würzburg und Eintritt ins Noviziat bei den Benediktinern in Münsterschwarzach

1965–71 Studium der Philosophie und Theologie in St. Ottilien und in Rom

1974 Promotion zum Doktor der Theologie mit einer Arbeit über Karl Rahner

1974–76 Studium der Betriebswirtschaft in Nürnberg

1975 Ausgehend von einem Vortrag über die Spiritualität des frühen Mönchtums, den er auf einem Treffen der Ordensleute im Kloster Münsterschwarzach hält, veröffentlicht er seinen ersten Artikel zum Thema „Reinheit des Herzens". 1976 wird es als Buch herausgegeben.

1977 wird Anselm Grün zum Klosterverwalter. Dieses Amt hat er bis heute inne. Außerdem widmet er sich der Arbeit mit Jugendlichen, hält Vorträge, schreibt Bücher und arbeitet als geistlicher Begleiter im Recollectiohaus für Priester und Ordensleute in Krisensituation.

1993 erscheint in der Tschechischen Republik im Verlag Karmelitánské nakladatelství sein erstes Buch „Gebet als Begegnung", weitere folgen. Insgesamt sind die Bücher von Anselm Grün in über 28 Sprachen übersetzt.

2001–02 entsteht dieses Buch der Gespräche

Anselm Grüns
Elternhaus in Loch-
ham bei München,
in dem er aufgewach-
sen ist.

Die Eltern bei der
Silberhochzeit 1960.

Links Anselm Grüns
Cousin Udo Küpper,
jetzt Prior in der Ab-
tei Münsterschwarz-
ach, rechts der fünf-
jährige Anselm,
1950.

Der kleine Anselm als jüngster auf dem Schoß der
Mutter. 3 Kinder fehlen noch.

Bei der Erstkommunion mit Udo Küpper, dem Cousin, 1955.

Als Schüler war Anselm Grün sehr naturwissenschaftlich orientiert. Mit dem Mikroskop, das er zu Weihnachten 1959 bekam.

Bei einer Fahrradtour im Pitztal mit den Brüdern, 1961.

Den Ball fest in den Händen: Beim Basketballspiel im Gymnasium in Würzburg, 1962.

Bei einem Ausflug mit der Klasse im Internat 1959 (der vierte unten von rechts).

Nach dem Abitur. Die Klasse mit zwei Lehrern, rechts und links. Anselm Grün ist der zweite von rechts unten.

Im Noviziat 1964

Priesterweihe 1971
durch Bischof Stangl
von Würzburg und
Abt Bonifaz.

Nach der Priesterweihe mit den Geschwistern, von links: Peter, Michael, Anselm, Konrad, Elisabeth.

Spendung des Primizsegens. Links die Mutter, dann die Geschwister Konrad, Elisabeth.

Gottesdienst mit
Pfadfindern 1978.

Bei einer Wanderung
mit Jugendlichen,
1984.

1969: Subdiakonatsweihe in Subiaco mit Abt Primas Rembert Weakland.

1981, bei den Massai in Tanzania. P. Anselm Grün gab damals Exerzitien für seine Mitbrüder in Tanzania.

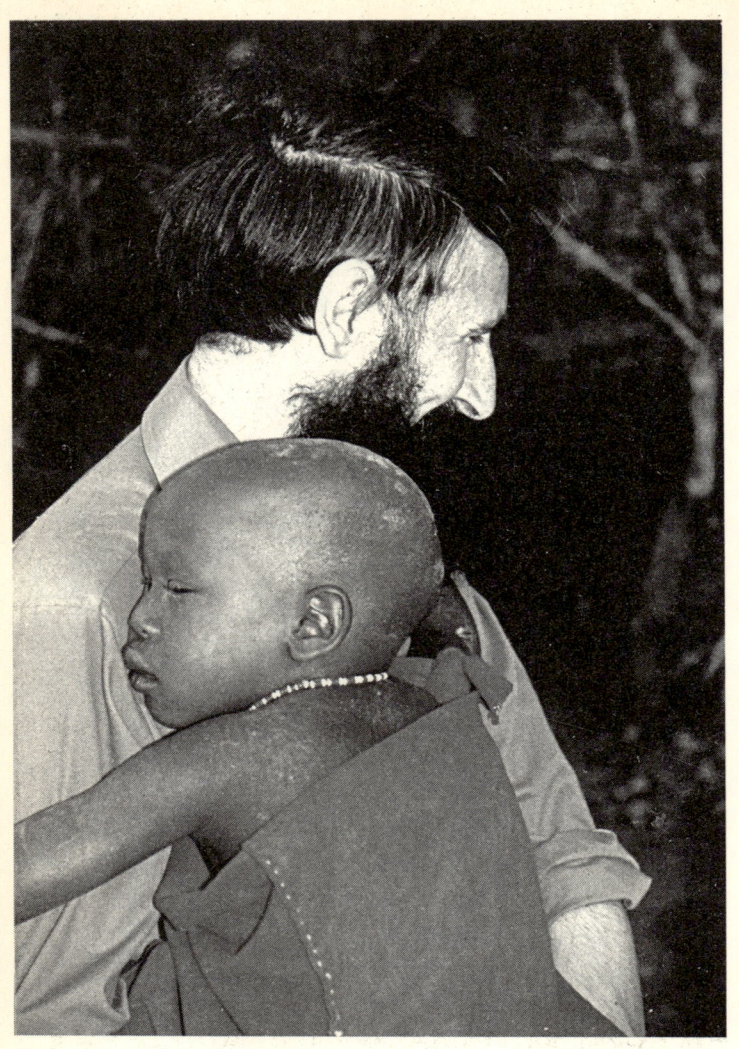

Mit einem Massaikind.

Beim Besuch in Tanzania mit einem Kind, 1981.

Bei einer Trauung 1990.

Beim Signieren, nach einem Vortrag in Bad Herrenalb 1999.

Bei einem Vortrag 2000.

1998.

Nach einem Vortrag 1989 in Bochum.

Anlässlich einer Taufe mit dem Täufling, 1990.

Taufe auf dem Staffelsee 2001.